westermann

Volker Barth, Dominik Barth

Betriebliche Werteprozesse

Berufe der Lagerlogistik

12. Auflage

Bestellnummer 31653

BiBox westermann

inkl. E-Book

Dieses Lehrwerk ist auch als BiBox erhältlich. In unserem Webshop unter www.westermann.de finden Sie hierzu unter der Bestellnummer des Ihnen vorliegenden Bandes weiterführende Informationen zum passenden digitalen Schulbuch.

service@westermann.de
www.westermann.de

Bildungsverlag EINS GmbH
Ettore-Bugatti-Straße 6-14, 51149 Köln

ISBN 978-3-427-**31653**-4

westermann GRUPPE

Vorwort

In vorliegendem Schulbuch wird das Lernfeld 12 „Kennzahlen ermitteln und auswerten“ des neuen Rahmenlehrplans und des Ausbildungsrahmenplans für den Ausbildungsberuf Fachkraft für Lagerlogistik dargestellt, d. h. die Schüler sollen dazu befähigt werden, die Buchführung nicht nur als Instrument zur Dokumentation und Kontrolle betrieblicher Geschäftsfähigkeit zu verstehen, sondern vielmehr auch die durch Geschäftsprozesse in ihren Ausbildungsbetrieben hervorgerufenen Wert- und Mengenveränderungen zu verfolgen und zu interpretieren.

Dabei gehen die Inhalte des vorliegenden Schulbuches über die Mindestanforderungen des neuen lernfeldorientierten Rahmenlehrplans für die Fachkraft der Lagerlogistik hinaus und ermöglichen es somit jedem Kollegen, den Schülern zusätzliche, als notwendig erachtete Lernstoffe zu vermitteln.

Der von den übrigen Lehrbüchern der Reihe für Lagerlogistik her bekannte Aufbau in:

1. Problemstellung und Sachdarstellung
2. Darstellung der Geschäftsvorfälle anhand von
   - Musteraufgaben,
   - Musterlösungen und
   - Lösungsschritten;
3. Zusammenfassung der wichtigsten Lernziele sowie
4. ausführliche Übungsaufgaben

wird auch in diesem Lernbuch konsequent weiterverfolgt.

Darüber hinaus wird darauf hingewiesen, dass in Ermangelung eines explizit vorgegebenen Kontenrahmens für die Berufe der Lagerwirtschaft und der Tatsache, dass verschiedene Branchen diesen Beruf ausbilden, diesem Buch der für Baden-Württemberg vorgeschriebene, am Abschlussgliederungsprinzip orientierte Kontenrahmen des Großhandels zugrunde gelegt wurde. Um den Anforderungen der unterschiedlichen Branchen gerecht zu werden, wurde die Warenverbuchung sowohl nach dem bestandsorientierten als auch nach dem verbrauchsorientierten Verfahren dargestellt.

Fachliche Verbindungen werden dabei über Querverweise hergestellt:

LOP → Logistische Prozesse – Berufe der Lagerlogistik, Bestell-Nr. 31512

WSP → Wirtschafts- und Sozialprozesse – Berufe der Lagerlogistik, Bestell-Nr. 31660

FR → Fachrechnen – Berufe der Lagerlogistik, Bestell-Nr. 31656

Die Verfasser

Abkürzungen	
AB	Anfangsbestand
AfW	Aufwendungen für Waren
AO	Abgabenordnung
AR	Ausgangsrechnung
AV	Anlagevermögen
AW	Anschaffungswert
BGA	Betriebs- und Geschäftsausstattung
d. h.	das heißt
EB	Endbestand
EK	Eigenkapital
ER	Eingangsrechnung
ESP	Einstandspreis
FK	Fremdkapital
GoB	Grundsätze ordnungsmäßiger Buchführung
GuV	Gewinn- und Verlustrechnung
HGB	Handelsgesetzbuch
i. d. R.	in der Regel
lt.	laut
MwSt.	Mehrwertsteuer
Rg.	Rechnung
RW	Restwert
SB	Schlussbilanz
u. a.	unter anderem
USt	Umsatzsteuer
usw.	und so weiter
UV	Umlaufvermögen
u. v. m.	und vieles mehr
Verz.	Verzeichnis
z. B.	zum Beispiel
zz.	zurzeit

Inhaltsverzeichnis

Lernfeld 12 Kennzahlen ermitteln und auswerten

Lernfeld 12
Kennzahlen ermitteln und auswerten

1 Das betriebliche Rechnungswesen

Historie
Johann Wolfgang von Goethe hat der vom Franziskanermönch Luca Pacioli im Jahr 1494 veröffentlichten, ersten systematischen Darstellung der Buchhaltung ein einzigartiges Zeugnis ausgestellt: Goethe befand, die Buchführung sei „eine der schönsten Erfindungen des menschlichen Geistes“, verstehe sie es doch, die Mathematik für die Kaufleute nutzbar zu machen. Selbst Leonardo da Vinci war von Paciolis Lehre so beeindruckt, dass er sich mit ihm befreundete und dessen Buch illustrierte.

Natürlich wurden Paciolis Ideen in den nächsten Jahrhunderten ständig verfeinert und durch neue kaufmännische Erkenntnisse weiterentwickelt. Heute ist die Buchhaltung die wichtigste Grundlage des betrieblichen Rechnungswesens, denn sie zeichnet sämtliche Geschäftsvorfälle eines Unternehmens planmäßig und lückenlos auf und liefert vielfältige Daten für unternehmerische Entscheidungen.

1.1 Grundlagen des betrieblichen Rechnungswesens

Situation

Florian Dittmann, im weiteren Verlauf kurz Florian genannt, Auszubildender bei der Spedition und Lagerei Emil Neumann AG, Mannheim, muss während seiner Ausbildung zur Fachkraft für Logistik auch sechs Wochen die Rechnungswesenabteilung durchlaufen.

Gleich zu Beginn wird er von dem Leiter der RW-Abt., Herrn Albert Barth, darauf hingewiesen, dass die Rechnungswesenabteilung quasi das Herz des Unternehmens sei, laufen hier doch sämtliche Informationen zusammen, die es anschließend auszuwerten gilt.

Handlungsaufträge

1. *Erläutern Sie anhand des auf Seite 8 dargestellten Schaubildes, in welche Teilbereiche sich das Rechnungswesen untergliedern lässt und wie die einzelnen Bereiche miteinander verbunden sind.*
2. *Stellen Sie fest, in welchen gesetzlichen Regelungen die Buchführungspflicht niedergelegt ist.*
3. *Beschreiben Sie die Aufgaben der Buchführung.*

1.1.1 Aufgaben und Teilbereiche des betrieblichen Rechnungswesens

Aufgaben und Ziele des Rechnungswesens

Das Rechnungswesen verfolgt sowohl die interne Aufgabe, das Geschehen des Unternehmens zu erfassen **(Dokumentationsfunktion)**, zu überprüfen **(Kontrollfunktion)** und auszuwerten **(Dispositionsfunktion)**, als auch die externe Aufgabe, außenstehende Interessengruppen zu informieren **(Informationsfunktion)** und Rechenschaft gegenüber den Finanzbehörden abzulegen **(Rechenschaftsfunktion)**.

Teilbereiche des Rechnungswesens

Um diesen unterschiedlichen Ansprüchen gerecht zu werden, unterteilte man das Rechnungswesen in die vier Bereiche

- Buchführung (Zeitrechnung),
- Kosten- und Leistungsrechnung (Zeit- und Stückrechnung),
- Statistik (Vergleichsrechnung),
- Planung (Vorschaurechnung),

die organisatorisch eng miteinander verbunden sind, da ein Datenaustausch zwischen ihnen stattfindet.

Datenaustausch zwischen den Teilbereichen des Rechnungswesens

Verdeutlichen lässt sich dieser Datenaustausch an folgender Darstellung:

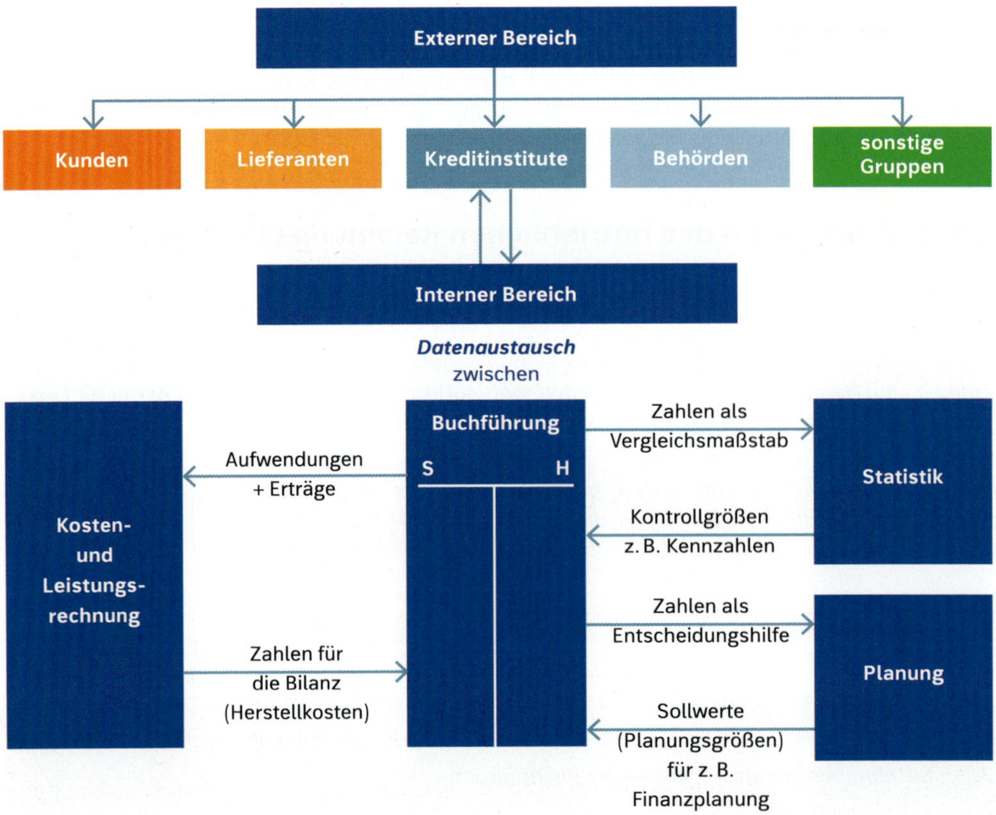

Übersicht über die Bereiche des Rechnungswesens

Teilbereiche	Buchführung	Kosten- und Leistungsrechnung	Statistik	Planung
Grundlagen	Handels- und steuerrechtliche Vorschriften	Einzig die betriebliche Zweckmäßigkeit	Betriebs- und branchenbezogene Daten	Einzig die betriebliche Zweckmäßigkeit
Aufgaben	Lückenlose Erfassung aller Wertveränderungen einer Unternehmung	Verursachungsgerechte Erfassung und Verrechnung aller Kosten und Leistungen	Vergleich der erfassten Zahlenwerte	Optimale Zielerreichung durch zukunftsorientiertes Planen, Steuern und Überwachen
Ziele	Zurverfügungstellung von Daten für die – Kosten- u. Leistungsrechnung – Statistik – Planung	Ermittlung der – Preisuntergrenzen – Selbstkosten – Verkaufspreise	Vergleich der aufbereiteten Daten mit Vorperioden oder der Branche	Risikosenkung durch Vorwegnahme der zukünftigen Entwicklung (Zahlen dienen als Entscheidungsbasis)

1.1.2 Die Buchführung als grundlegender Teil des Rechnungswesens

1.1.2.1 Notwendigkeit und Aufgaben der Buchführung

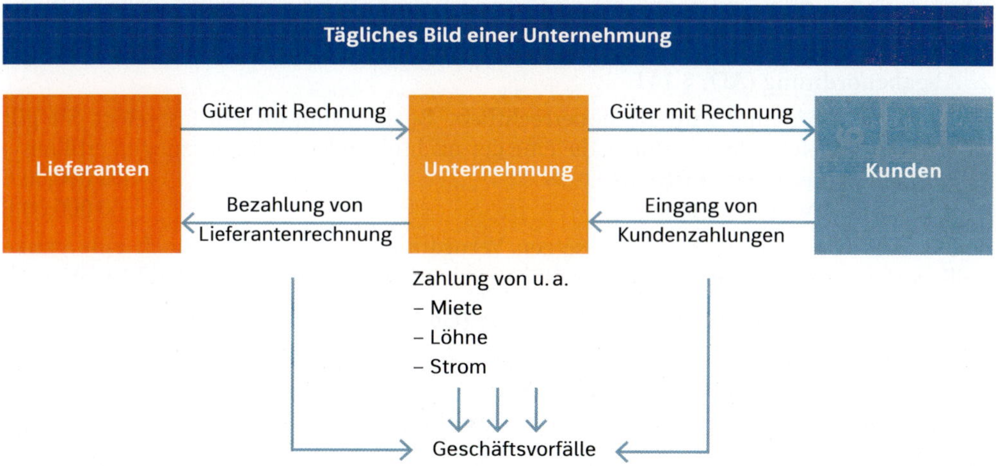

Wie aus der Darstellung hervorgeht werden in einem Unternehmen täglich vielfältige Aufgaben ausgeführt. So werden Güter eingekauft, gelagert und schließlich wieder verkauft, Rechnungen an Kunden geschrieben, eingehende Rechnungen von Lieferanten bezahlt, Löhne und Gehälter an unsere Mitarbeiter überwiesen und vieles mehr.

Da es unmöglich ist, all diese Vorgänge im Gedächtnis zu speichern, sind Aufzeichnungen über diese Vorfälle, die im Folgenden **Geschäftsvorfälle** genannt werden, erforderlich. Diese Aufzeichnungen, die früher in Büchern erfolgten, nennt man **Buchführung**.

Merke

*Unter **Buchführung** versteht man die lückenlose Aufzeichnung aller Geschäftsvorfälle einer Unternehmung in der richtigen zeitlichen Reihenfolge.*

Neben dieser Hauptaufgabe dient die Buchführung:

- der Ermittlung des Vermögens und der Schulden am Jahresende,
- der Feststellung aller Veränderungen des Vermögens und der Schulden während des Jahres,
- der Erfolgsermittlung (Gewinn oder Verlust),
- der Lieferung von Zahlen für die Preisfestlegung (Kalkulation),
- der Lieferung von Kennzahlen für die innerbetriebliche Kontrolle und für Betriebsvergleiche.
- der Lieferung von Grundlagen für die gerechte Steuerfestlegung,
- als Beweismittel bei Rechtsstreitigkeiten mit Lieferanten, Kunden, Kreditgebern und Behörden.

1.1.2.2 Gesetzliche Grundlagen der Buchführung

Buchführungspflicht

Zum Schutz des Unternehmungseigners und der Gläubiger verpflichten zahlreiche Gesetze und Verordnungen den Kaufmann zur Buchführung. So z. B.:

1. Handelsgesetzbuch (HGB) § 238 (1)

> **§ 238 HGB Buchführungspflicht.** (1) Jeder Kaufmann ist verpflichtet, Bücher zu führen und in diesen seine Handelsgeschäfte und die Lage seines Vermögens nach den **Grundsätzen ordnungsmäßiger Buchführung** ersichtlich zu machen. Die Buchführung muss so beschaffen sein, dass sie einem sachverständigen Dritten innerhalb angemessener Zeit einen Überblick über die Geschäftsvorfälle und über die Lage des Unternehmens vermitteln kann. Die Geschäftsvorfälle müssen sich in ihrer Entstehung und Abwicklung verfolgen lassen.

2. Abgabenordnung (AO) § 141

In der Abgabenordnung wird die steuerrechtliche Buchführungspflicht festgelegt. Sie gilt jedoch nur für solche Unternehmen, die eine der nachfolgenden Voraussetzungen erfüllen:

- jährlicher **Umsatz** von mehr als 600 000,00 €
- jährlicher **Gewinn** von mehr als 60 000,00 €

Neben diesen beiden wichtigen Gesetzen/Verordnungen sind jedoch noch eine ganze Reihe weiterer rechtsformspezifischer und steuerrechtlicher Vorschriften zu beachten.

Grundsätze ordnungsmäßiger Buchführung (GoB)

LOP

Bevor es das **HGB** sowie die übrigen Gesetze und Verordnungen gab, richteten sich die Kaufleute bei ihrer Buchführung nach ganz bestimmten Regeln. Diese Regeln oder besser gesagt Grundsätze werden allgemein als **Grundsätze ordnungsmäßiger Buchführung**, kurz **GoB**[1] bezeichnet.

Die Buchführung gilt laut § 238 (1) HGB dann als ordnungsgemäß, wenn sie so beschaffen ist, dass sie einem sachverständigen Dritten (z. B. Steuerprüfer, Prüfer des Finanzamtes) innerhalb angemessener Zeit einen Überblick über die Geschäftsvorfälle und über die Lage des Unternehmens vermitteln kann.

---

[1] *Da es sich bei den GoB laut Bundesministerium der Finanzen um einen unbestimmten Rechtsbegriff handelt, bei dem es sowohl um formelle als auch materielle Anforderungen an eine Buchführung geht, unterliegen die Grundsätze einer ständigen Anpassung und Weiterentwicklung. Zuletzt wurden die GoB zum 01.01.2015 durch die GoBD (Grundsätze zur ordnungsgemäßen Führung und Aufbewahrung von Büchern, Aufzeichnungen und Unterlagen in elektronischer Form sowie zum Datenzugriff) ergänzt. Darin wird festgestellt, dass die neuen Informations- und Kommunikationstechniken sowie Archivierungsmedien nach den gleichen Prinzipien zu beurteilen sind, wie die Ordnungsmäßigkeit bei manuell erstellten Büchern und Aufzeichnungen, sodass die in den allgemeinen GoB festgelegten Grundsätze auch weiterhin bestehen bleiben.*

Um dieser Anforderung gerecht zu werden, muss man folgende Kernsätze der GoB beachten:

1. Die Buchführung muss klar und übersichtlich sein;
2. Eintragungen müssen in einer lebenden Sprache vorgenommen werden;
3. leere Zwischenräume sind durch Winkelstriche (sog. Buchhalternasen) zu entwerten;
4. Buchungen dürfen nicht unleserlich gemacht werden (Radieren ist verboten!);
5. Bleistifteintragungen sind nicht erlaubt;
6. Kasseneinnahmen und -ausgaben müssen täglich aufgezeichnet werden;
7. zu jeder Buchung muss ein Beleg vorliegen, wobei alle Belege fortlaufend sortiert aufzubewahren sind;

Merke

Keine Buchung ohne Beleg!

8. Handelsbücher, Inventare, Bilanzen und sonstige Geschäftspapiere wie z. B. Buchungsbelege müssen 10 Jahre, nicht buchungswirksame Geschäftskorrespondenz, z. B. Handelsbriefe, sechs Jahre aufbewahrt werden;
9. zum Geschäftsbeginn sowie am Ende eines jeden Geschäftsjahres muss ein Inventar und eine Bilanz erstellt werden.

Verstöße gegen Gesetze und Verordnungen bewirken, dass die Buchführung keine Beweiskraft mehr besitzt. Sie können

1. eine Schätzung der Besteuerungsgrundlage zur Folge haben und
2. mit einer Freiheitsstrafe bis zu drei Jahren oder einer Geldstrafe geahndet werden.

Kernwissen

- **Das Rechnungswesen lässt sich in folgende Teilbereiche untergliedern**
  - Buchführung
  - Kosten- und Leistungsrechnung
  - Statistik
  - Planung
- **Hauptaufgaben des Rechnungswesens u. a.**
  - interne Aufgaben
    - Dokumentationsfunktion
    - Kontrollfunktion
    - Dispositionsfunktion
  - externe Aufgaben
    - Informationsfunktion
    - Rechenschaftsfunktion
- Buchführung = die lückenlose Aufzeichnung aller Geschäftsvorfälle einer Unternehmung in der richtigen zeitlichen Reihenfolge
- **Hinweise auf die Buchführungspflicht findet man in**
  - HGB
  - Abgabenordnung
  - GoB

1.2 Inventur, Inventar und Bilanz

LOP

1.2.1 Inventur

Situation

Am Jahresende erhält Florian zusammen mit seinen Arbeitskollegen den Auftrag, sämtliche im Lager befindlichen Vermögenswerte sorgfältig zu erfassen, um der Unternehmensleitung einen Überblick über die aktuelle Vermögenslage zu ermöglichen.

Handlungsaufträge

1. *Begründen Sie, warum es erforderlich ist, sowohl die Bestände des Vermögens als auch die Schulden eines Unternehmens mindestens einmal jährlich zu erfassen.*
2. *Erläutern Sie, wie und wann eine solche Bestandserfassung sinnvollerweise durchgeführt wird.*

Nach § 240 HGB hat jeder Kaufmann sowohl bei der Gründung als auch zum Schluss eines jeden Geschäftsjahres sein **Vermögen** und seine **Schulden** festzustellen.

§ 240 HGB Inventar. (1) Jeder Kaufmann hat zu Beginn seines Handelsgewerbes seine Grundstücke, seine Forderungen und Schulden, den Betrag seines baren Geldes sowie seine sonstigen Vermögensgegenstände genau zu verzeichnen und dabei den Wert der einzelnen Vermögensgegenstände und Schulden anzugeben.

Die hierfür erforderliche Aufnahme der Bestände bezeichnet man als **Inventur**. Sie kann durch:
- zählen z. B. Ersatzteile, Motoren
- schätzen z. B. Kies, Kohle
- wiegen z. B. Nägel, Schrauben
- berechnen z. B. Öl- oder Benzinvorräte
- messen z. B. Stoffe

erfolgen.

Merke

*Unter **Inventur** versteht man die mengen- und wertmäßige Bestandsaufnahme aller Vermögenswerte und Schulden.*

Für die Durchführung der Inventur wird in der Praxis häufig ein sog. Inventurdatenblatt verwendet. Ein Entwurf eines solch möglichen Datenblatts ist nachfolgend dargestellt:

Inventuraufnahmeblatt

Datum: ....
Schreiber: ....
Zähler: ....
Kontrolle: ....

Stempel

Nr.	Art. Nr.	Bezeichnung	Einheit	Menge/Anzahl
1				
2				
3				
.				
.				

Abnahme von: .... Unterschrift: ....

Selbstverständlich lässt sich das dargestellte Datenblatt jederzeit um branchenspezifische Größen, wie z. B. Alter der Ware bzw. Mindesthaltbarkeitsdaten oder Warengruppen, erweitern.

In manchen Branchen, wie Bibliothekarwesen, Handel und Logistik, wird in jüngster Zeit die Inventuraufnahme mit elektronischen Hilfsmitteln, der „RFID-Technik“ (Radio Frequency Identification Devices – auch „Smart-Tags-Technik“ genannt) getestet. Dabei handelt es sich um an oder in der Ware angebrachte elektronische Chips, die eine Identifikation und Lokalisierung der Ware über ein elektromagnetisches Feld erlauben und die traditionelle arbeitsaufwendige Inventuraufnahmen erleichtern und optimieren sollen.

Ziel der Inventur:
Durch die Inventur soll eine Kontrolle gegeben sein, dass die in der Buchhaltung aufgezeichneten Bestände an Gütern (Sollbestände) mit den tatsächlich vorhandenen Beständen (Istbeständen) übereinstimmen. Abweichungen zwischen Soll- und Istbeständen werden dabei als Inventurdifferenzen bezeichnet, deren Ursachen es zu analysieren gilt.

Arten der Inventur:

1. Nach der betrieblichen Existenzphase unterscheidet man die Inventur wegen:
   - Geschäftseröffnung,
   - Geschäftsübernahme,
   - Geschäftsübergabe,
   - Geschäftsaufgabe.
2. Nach dem Zeitpunkt der Bestandsaufnahme sieht das HGB insbesondere für die Inventur der Warenvorräte folgende Möglichkeiten vor:
   - **Stichtagsinventur**, d. h. Bestandsaufnahme aller Vermögenswerte und Schulden zu einem bestimmten Zeitpunkt (= Stichtag; i. d. R. der 31. Dezember eines jeden Jahres). Da eine Inventur selten an einem Tag zu bewältigen ist, gesteht die Einkommensteuerrichtlinie eine zeitnahe Inventur zu, wobei unter „zeitnah“ rund 10 Tage zu verstehen sind.
   - **Permanente Inventur** meint die fortlaufende Erfassung aller Vermögenswerte und Schulden während des gesamten Geschäftsjahres. Diese Art der Inventur ist steuerlich jedoch nur dann zulässig, wenn eine ordnungsgemäße Lagerbuchführung vorhanden ist, in der die Bestände so fortgeschrieben werden können, dass der Buchbestand jederzeit feststellbar ist.
     Hilfsmittel: EDV, Lagerkartei.
   - **Verlegte Inventur**: Bei ihr muss die Inventur innerhalb der letzten drei Monate vor bzw. zwei Monate nach dem Geschäftsjahresende durchgeführt werden. Danach sind sämtliche Werte auf den Stichtag fortzuschreiben bzw. zurückzurechnen.

Kernwissen

- Inventur = mengen- und wertmäßige Bestandsaufnahme aller Vermögenswerte und Schulden
- 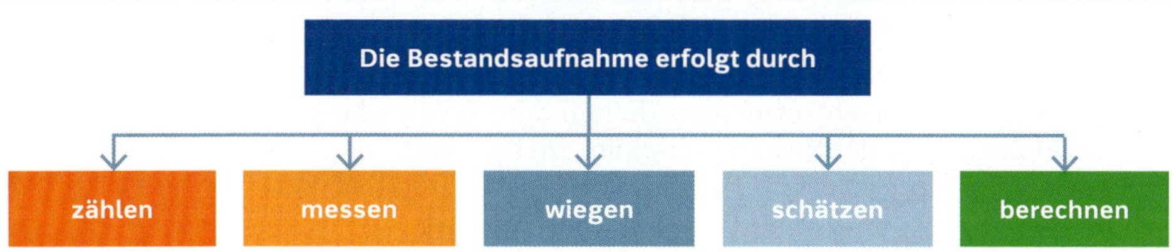

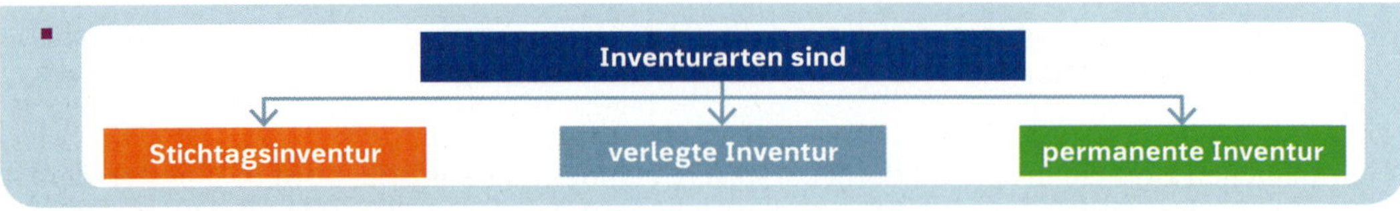

1.2.2 Inventar

Situation

Nachdem Florian die von ihm und seinen Kollegen erfassten Bestände an den Lagerleiter, Herrn Ausanio, übergeben hat, sollen diese anschließend zusammen mit den ermittelten Schulden in der Rechnungswesenabteilung geordnet werden.

Handlungsaufträge

1. *Unterbreiten Sie einen Vorschlag, wie die erfassten Vermögenswerte und Schulden sinnvoll geordnet werden können.*
2. *Erläutern Sie, wie man das Reinvermögen eines Unternehmens ermitteln kann.*

Wesen und Aufbau des Inventars

Die durch die Inventur ermittelten Werte werden in einem besonderen Verzeichnis – dem **Inventar** – aufgestellt; siehe hierzu auch § 240 HGB, Seite 12.

Merke

*Das **Inventar** ist ein lückenloses Verzeichnis aller Vermögenswerte und Schulden nach Art, Menge und Wert.*

Das Inventar wird in drei Teile untergliedert:

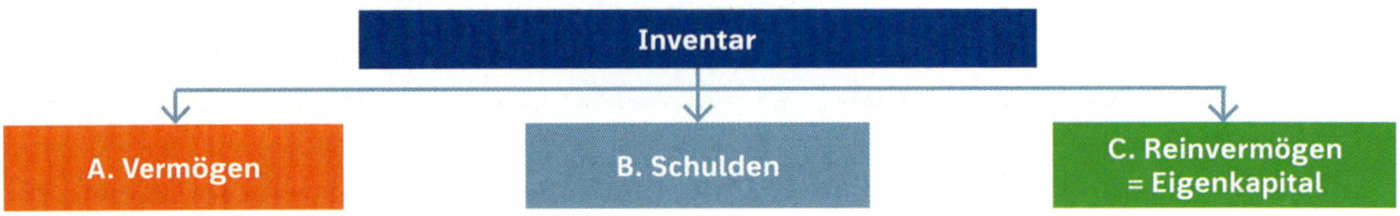

A. Vermögen

Darunter versteht man alle Werte, die dem Unternehmen gehören.

Die Anordnung der einzelnen Positionen innerhalb des Vermögens erfolgt nach dem Grundsatz der steigenden Liquidität (Flüssigkeit); d.h., zunächst werden all jene Vermögenswerte aufgegliedert, die sich nur sehr schwer in Geld umwandeln lassen, wie z.B. Grundstücke. Am Ende der Aufstellung sind die Geldmittel, über die man jederzeit verfügen kann, wie z.B. die Kasse, aufgeführt.

Das Vermögen lässt sich in zwei Teile untergliedern:

I. Anlagevermögen (AV)

Die Teile des Anlagevermögens dienen dem Betrieb langfristig, d.h., sie bilden die Grundlage der eigentlichen betrieblichen Tätigkeit.

Dazu zählen u.a.:

- Grundstücke
- Gebäude
- Maschinen
- Fuhrpark
- Geschäftsausstattung

II. Umlaufvermögen (UV)

Hierunter fallen all jene Vermögenswerte, die häufig umgeschlagen werden und sich somit ständig verändern. Dies hat zur Folge, dass die Vermögenswerte nur kurzfristig im Betrieb bleiben.

Zum Umlaufvermögen zählen u. a.:

- **Waren**
- **Forderungen**
  = Gelder, die wir von unseren Kunden noch zu bekommen – zu fordern – haben
- **Geldmittel**
  – Bank – Postbank[1] – Kasse

B. Schulden

Schulden sind Zahlungen, die noch zu leisten sind. In der Buchhaltung bezeichnet man diese Schulden als sog. **Verbindlichkeiten**. Die Schulden bzw. Verbindlichkeiten lassen sich nach der Fälligkeit bzw. Dringlichkeit in zwei Gruppen untergliedern:

I. Langfristige Schulden
wie z. B.: – Hypothekenschulden
– Darlehensschulden

II. Kurzfristige Schulden
wie z. B.: – Bankschulden
– Liefererschulden

} **Fremdkapital**

C. Reinvermögen (Eigenkapital)

Zum Schluss werden vom Vermögen die Schulden abgezogen. Die Differenz stellt das Reinvermögen oder Eigenkapital des Unternehmens dar.

Errechnung des Reinvermögens (Eigenkapital):

	Vermögenswerte
–	Schulden
=	Reinvermögen (Eigenkapital)

Musteraufgabe

Erstellen Sie das Inventar für das Hi-Fi-Fachgeschäft Marcel Barth & Co. zum 31. Dezember 20.., wenn bei der Inventur folgende Werte ermittelt wurden:

		€	€
Grundstücke, Gebäude			340 000,00
Fuhrpark			
▪ 1 Kleintransporter		22 500,00	
▪ 1 Pkw		15 800,00	
Geschäftsausstattung lt. Verzeichnis			55 700,00
Waren			
▪ 15 DVD-Player	à 320,00 €		
▪ 17 Tuner	à 300,00 €		
▪ 8 Verstärker	à 437,50 €		
▪ 20 Plattenspieler	à 250,00 €		

[1] *In Baden-Württemberg unterscheidet man nicht mehr zwischen „Bank" und „Postbank", sondern fasst vielmehr beide Teile unter der Position Guthaben bei Kreditinstituten zusammen.*

Forderungen		
▪ M. Kajmer, Viernheim	1 525,00	
▪ D. Unger, Mannheim	2 375,00	
▪ J. Stahnke, Karlsruhe	1 800,00	
Bankguthaben		
▪ Stadtsparkasse, Mannheim	9 150,00	
▪ Commerzbank, Mannheim	12 750,00	
Kassenbestand		20 000,00
Hypothek bei der Commerzbank, Mannheim		280 000,00
Darlehen bei der Stadtsparkasse, Mannheim		55 000,00
Verbindlichkeiten		
▪ E. Traub, München	44 500,00	
▪ H. Christ OHG, Frankfurt	37 500,00	

Musterlösung

Inventar des Hi-Fi-Fachgeschäfts Marcel Barth, Mannheim, für den 31. Dezember 20..

		€	€
A. Vermögen			
I. Anlagevermögen			
1. Grundstücke, Gebäude			340 000,00
2. Fuhrpark			
▪ 1 Kleintransporter		22 500,00	
▪ 1 Pkw		15 800,00	38 300,00
3. Geschäftsausstattung lt. Verzeichnis			55 700,00
II. Umlaufvermögen			
1. Waren			
▪ 15 DVD-Player	à 320,00 €	4 800,00	
▪ 17 Tuner	à 300,00 €	5 100,00	
▪ 8 Verstärker	à 437,50 €	3 500,00	
▪ 20 Plattenspieler	à 250,00 €	5 000,00	18 400,00
2. Forderungen an Kunden			
▪ M. Kajmer, Viernheim		1 525,00	
▪ D. Unger, Mannheim		2 375,00	
▪ J. Stahnke, Karlsruhe		1 800,00	5 700,00
3. Bankguthaben			
▪ Stadtsparkasse, Mannheim		9 150,00	
▪ Commerzbank, Mannheim		12 750,00	21 900,00
4. Kasse			20 000,00
Summe des Vermögens			500 000,00
B. Schulden			
I. Langfristige Schulden			
1. Hypothek bei der Commerzbank, Mannheim			280 000,00
2. Darlehen bei der Stadtsparkasse, Mannheim			55 000,00
II. Kurzfristige Schulden			
1. Verbindlichkeiten aus Lieferungen und Leistungen			
▪ E. Traub, München		44 500,00	
▪ H. Christ OHG, Frankfurt		37 500,00	82 000,00
Summe der Schulden			417 000,00
C. Reinvermögen (Eigenkapital)			
Summe des Vermögens			500 000,00
– Summe der Schulden			417 000,00
Reinvermögen/Eigenkapital			83 000,00

Lösungsschritte

1. Einteilen der Vermögenswerte in Anlagevermögen und Umlaufvermögen mit anschließendem Ordnen nach dem Prinzip der **zunehmenden Flüssigkeit**.
2. Einteilung der Schulden in langfristige und kurzfristige Schulden und anschließendem Ordnen nach dem Prinzip der **abnehmenden Fristigkeit**.
3. Ermittlung des Reinvermögens als Differenz zwischen Vermögen und Schulden.

Kernwissen

- Inventar = ein lückenloses Verzeichnis aller Vermögenswerte und Schulden nach Art, Menge und Wert
- Das Vermögen wird in Anlage- und Umlaufvermögen untergliedert, wobei alle Vermögensteile nach dem Prinzip der zunehmenden Flüssigkeit (steigende Liquidität) angeordnet werden.
- Die Schulden (Fremdkapital) werden nach der abnehmenden Fälligkeit bzw. Fristigkeit in lang- und kurzfristig unterschieden.
- Schematischer Aufbau des Inventars

A. Vermögen

I. Anlagevermögen (AV)
- bebaute Grundstücke und Gebäude
- Maschinen
- Fuhrpark
- Betriebs- und Geschäftsausstattung (BGA)

II. Umlaufvermögen (UV)
- Waren
- Forderungen
- flüssige Mittel
- Bank
- Kasse

B. Schulden = Fremdkapital (FK)

I. Langfristige Schulden
- Hypothekenschulden
- Darlehensschulden

II. Kurzfristige Schulden
- Verbindlichkeiten an Lieferanten
- sonstige Verbindlichkeiten

C. Reinvermögen = Eigenkapital (EK)

  Vermögenswerte
– Schulden
———————————
= Reinvermögen (Eigenkapital)

Übungsaufgaben

1. **Die Fahrradgroßhandlung Bastian Gottmann, Nürnberg, Burgstraße 25, machte am 31. Dezember 20.. Inventur. Dabei wurden folgende Werte ermittelt:**

	€	€
Gebäude		135 000,00
Fuhrpark		30 000,00
Geschäftsausstattung lt. Verzeichnis		12 850,00
Waren lt. Verzeichnis		55 650,00
Forderungen		
– Dorothea Klug, Heidelberg	1 280,00	
– Alexander Lenz, Darmstadt	3 580,00	
– Cornelia Unger, Mannheim	850,00	
Bankguthaben		14 600,00
Kassenbestand		4 950,00
Darlehensschuld bei der Deutschen Bank, Nürnberg		62 000,00
Verbindlichkeiten		
– Judith Kajmer, Viernheim	12 350,00	
– Esen GmbH, Frankfurt	18 650,00	
– Schneider & Co., Saarbrücken	8 200,00	

Stellen Sie aus den ermittelten Werten das Inventar auf.

2. **Erstellen Sie nach folgenden Angaben das Inventar der Werkzeuggroßhandlung Marco Schweighoffer & Co., Berlin, zum 31. Dezember 20.. und ermitteln Sie den Jahreserfolg.**

	€	€
Forderungen lt. Verzeichnis		33 000,00
Bargeld		6 780,00
Waren lt. Verzeichnis		387 300,00
Verbindlichkeiten		
– Maschinenfabrik Leipzig	82 350,00	
– Werkzeugbau AG, Hamburg	135 800,00	
Gebäude, Im Sand 85, Berlin		590 000,00
Hypothek bei der Handelsbank, Berlin		390 000,00
Bankguthaben		130 000,00
Fuhrpark lt. Verzeichnis		62 000,00
Geschäftsausstattung lt. Verzeichnis		156 000,00

3. **Sie sind in der Lagerabteilung der Firma Peter Zöphel Eiltransporte GmbH beschäftigt und werden von Herrn Zöphel gebeten, aus dem unten angegebenen Inventurauszug eine übersichtliche bzw. aussagekräftige Auflistung der vorhandenen Anlagegüter vorzunehmen.**

Auszug aus den Vermögenswerten des Anlagevermögens der Peter Zöphel Eiltransporte GmbH					
Anlagegüter		Stückzahl	Einzelpreis in Euro	Gesamtpreis in Euro	prozentualer Anteil je Anlagegruppe
Fuhrpark	Lkw-18-t	2	175 000,00	?	
	Lkw-3-t	1	35 000,00	?	
	Pkw-Kombi	2	32 500,00	?	
	Pkw-Limousine	1	42 000,00	?	
	1. Zwischensumme			?	?

Anlage-güter		Stück-zahl	Einzelpreis in Euro	Gesamtpreis in Euro	prozentualer Anteil je Anlagegruppe
Büromöbel	Büroschränke	12	2 800,00	?	
	Schreibtische	4	1 600,00	?	
	Bürostühle	6	525,00	?	
	2. Zwischensumme			?	?
Büro-maschinen	PC	4	3 700,00	?	
	Laptop	2	3 200,00	?	
	Drucker	2	1 200,00	?	
	Faxgerät	1	420,00	?	
	Handy	5	275,00	?	
	3. Zwischensumme			?	?
	Gesamtsumme			?	?

a) Erstellen Sie eine Tabelle mit obigen Daten.
b) Berechnen Sie die fehlenden Angaben.
c) Erstellen Sie eine verständliche Grafik, in der die prozentualen Anteile je Anlagegruppe dargestellt sind.

4. Die Glas und Porzellanmanufaktur Gertrud Neumann KG in Berlin hat am 31.12.20.. die jährliche Stichtagsinventur durchgeführt. Dabei wurden folgende Daten erfasst:

Darlehen 975 000,00 €, Verwaltungsgebäude 600 000,00 €, Glaswaren 40 000,00 €, Porzellanwaren 100 000,00 €, Bankguthaben bei der Sparkasse Brandenburg 20 000,00 €, Lagerhalle 100 000,00 €, kurzfristige Verbindlichkeiten aus Lieferungen und Leistungen 100 000,00 €, Produktionshalle 300 000,00 €, 1 Lkw Tageswert 65 000,00 €, Ausstellungsvitrinen 120 000,00 €, Bankguthaben Commerzbank Berlin 10 000,00 €, Forderungen aus Lieferungen und Leistungen 50 000,00 €, 4 Pkw-Kombi Tageswert insgesamt 50 000,00 €, Bargeldbestand 20 000,00 €.

Sie werden aufgefordert, aus den angegebenen Werten das Inventar der Glas und Porzellanmanufaktur Gertrud Neumann KG aufzustellen.

Erfolgsermittlung durch Kapitalvergleich

Mithilfe zweier aufeinanderfolgender Inventare lässt sich der Erfolg (Gewinn/Verlust) eines Unternehmens ermitteln. Dazu vergleicht man das Eigenkapital am Anfang des Jahres mit dem am Ende des Jahres. Ergibt sich eine Kapitalmehrung, so liegt ein **Gewinn** vor, ergibt sich eine Kapitalminderung, so spricht man von einem **Verlust**.

Beispiel zur Erfolgsermittlung

Reinvermögen lt. Inventar	Unternehmen	
	A	B
31. Dezember Vorjahr	83 000,00	88 000,00
31. Dezember Berichtsjahr	100 000,00	80 000,00
Erfolg →	+ 17 000,00 ↓ Gewinn	– 8 000,00 ↓ Verlust
	oder	

Kernwissen

- Der Erfolg eines Unternehmens lässt sich u.a. auch durch einen Kapitalvergleich ermitteln.
- 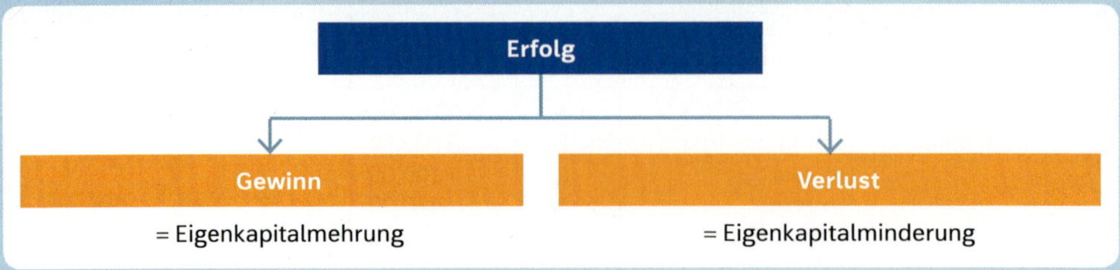

Übungsaufgaben

1. ***Das Eigenkapital einer Sanitärgroßhandlung betrug am Anfang des Geschäftsjahres 2800000,00 €.***
   Wie hoch war das Eigenkapital am Ende des Jahres, wenn das Unternehmen
   a) einen Gewinn von 180000,00 € bzw.
   b) einen Verlust von 75000,00 € ausweist?

2. ***Das Inventar des Einzelhändlers Anton Dittmann weist ein Eigenkapital von 485000,00 € auf. Am Ende des folgenden Jahres macht Anton Dittmann wieder Inventur. Die Vermögenswerte belaufen sich nun auf 538000,00 €, die Schulden auf 27000,00 €.***
   Ermitteln Sie, wie hoch sein Erfolg am Jahresende ist.

1.2.3 Bilanz

Situation

Auf Florians Frage, was denn nun mit dem umfassenden Zahlenmaterial des Inventars geschieht, antwortet der Lagerleiter, Herr Ausanio, dass daraus die Bilanz erstellt wird.

Handlungsaufträge

1. *Unterbreiten Sie einen Vorschlag, wie man das sehr umfangreiche Zahlenmaterial des Inventars wesentlich vereinfacht darstellen könnte.*
2. *Stellen Sie ausgehend vom Inventar der Seite 16 eine Bilanz auf.*

Neben dem Inventar, d.h. der ausführlichen Auflistung aller Vermögenswerte und Schulden, verlangt das HGB in § 242 eine kurz gefasste Übersicht, die es dem Betrachter ermöglicht, sich einen sofortigen Überblick über die Lage des Unternehmens zu verschaffen.

Eine solche Übersicht ist die **Bilanz**.

§ 242 HGB Pflicht zur Aufstellung. (1) Der Kaufmann hat zu Beginn seines Handelsgewerbes und für den Schluss eines jeden Geschäftsjahrs einen das Verhältnis seines Vermögens und seiner Schulden darstellenden Abschluss (Eröffnungsbilanz, Bilanz) aufzustellen. Auf die Eröffnungsbilanz sind die für den Jahresabschluss geltenden Vorschriften entsprechend anzuwenden, soweit sie sich auf die Bilanz beziehen.

Merke

*Die **Bilanz** ist eine kurz gefasste wertmäßige Gegenüberstellung von Vermögen und Kapital einer Unternehmung zu einem Stichtag.*

Die Bilanz wird deshalb als eine Kurzfassung des Inventars bezeichnet, weil sie

1. auf die mengenmäßige Darstellung der einzelnen Positionen verzichtet und lediglich die Gesamtwerte gleichartiger Posten ausweist, wie es folgendes Beispiel verdeutlicht:

   Inventarmäßiger Ausweis der Position „Waren" lt. Inventar S. 16

Waren		
– 15 CD-Player	à 320,00 €	4 800,00 €
– 17 Tuner	à 300,00 €	5 100,00 €
– 8 Verstärker	à 437,50 €	3 500,00 €
– 20 Plattenspieler	à 250,00 €	5 000,00 €

   Bilanzmäßiger Ausweis der Position „Waren"

Waren	18 400,00 €

2. die einzelnen Positionen nach einem anderen Schema anordnet. Während z. B. das Inventar die Vermögenswerte und Schulden untereinander aufführt, sog. Staffelform, stellt die Bilanz die beiden Werte einander gegenüber, sog. Kontenform, d. h. auf der linken Seite stehen die Vermögenswerte, auf der rechten Seite die Schulden und – als Ausgleich – die Position Eigenkapital.

   Diese Ausgleichsposition bewirkt, dass zwangsläufig beide Seiten der Bilanz (ital. bilancia = Waage) die gleichen Summen aufweisen müssen.

   In der Bilanz nennt man die Vermögenswerte **Aktiva**, die Kapitalwerte **Passiva**

   § 27 HGB schreibt vor, welchen Inhalt die Bilanz haben muss.

§ 247 HGB Inhalt der Bilanz

(1) In der Bilanz sind das Anlage- und das Umlaufvermögen, das Eigenkapital, die Schulden sowie die Rechnungsabgrenzungsposten gesondert auszuweisen und hinreichend aufzugliedern.

(2) Beim Anlagevermögen sind nur die Gegenstände auszuweisen, die bestimmt sind, dauernd dem Geschäftsbetrieb zu dienen.

Allgemeiner Aufbau der Bilanz nach dem Bilanzgliederungsprinzip:

Schematischer Aufbau der Bilanz

Aktiva	Bilanz	Passiva
I. Anlagevermögen – bebaute Grundstücke – unbebaute Grundstücke – Maschinen – Fuhrpark – Betriebs- und Geschäftsausstattung **II. Umlaufvermögen** – Waren – Forderungen – Bank – Kasse		**I. Eigenkapital** **II. Fremdkapital** – langfristig ▪ Hypotheken ▪ Darlehen – kurzfristig ▪ Verbindlichkeiten
Summe der Aktiva	=	Summe der Passiva
Ort und Datum		*Unterschrift*

Reduziert man die Positionen der Bilanz auf ihre Grundstruktur, so ergibt sich folgende Kurzform:

Grundstruktur der Bilanz

Aktiva	Bilanz	Passiva
AV UV		EK FK

Vermögen ↓ **Mittelverwendung**

d. h., die Aktivseite gibt darüber Auskunft, was mit den Mitteln gemacht wurde

Investition

Kapital ↓ **Mittelherkunft**

d. h. die Passivseite gibt an, woher die Mittel stammen (sind es eigene oder fremde Mittel?)

Finanzierung

Da beide Bilanzseiten stets ausgeglichen sein müssen (Eigenkapital dient als Ausgleichsposition), lässt sich aus obiger Grundstruktur sofort die Bilanzgleichung ableiten:

Aktiva = **Passiva**

oder

Vermögen = **Kapital**

Merke

1. *Grundlage der Bilanzerstellung ist das Inventar.*
2. *Die Vermögenswerte nennt man **Aktiva**, die Kapitalwerte **Passiva**.*
3. *Die Bilanz ist stets ausgeglichen. Daraus ergibt sich die Bilanzgleichung:*
   Aktiva = Passiva bzw.
   Vermögen = Kapital

Musteraufgabe

Erstellen Sie anhand des Inventars von S. 16 die Bilanz.

Musterlösung

Vermögen = Aktiva	Bilanz		Kapital = Passiva
I. Anlagevermögen		I. Eigenkapital	83 000,00
– Grundstücke und Gebäude	340 000,00	II. Fremdkapital	
– Fuhrpark	38 300,00	– Hypothek	280 000,00
– Geschäftsausstattung	55 700,00	– Darlehen	55 000,00
II. Umlaufvermögen		– Verbindlichkeiten	82 000,00
– Waren	18 400,00		
– Forderungen	5 700,00		
– Bank	21 900,00		
– Kasse	20 000,00		
	500 000,00		500 000,00
Mannheim, 31. Dezember 20..			Marcel Barth

Lösungsschritte

1. Zusammenfassen der Inventarwerte zu einzelnen Bilanzpositionen.
2. Anordnung der einzelnen Positionen innerhalb der Bilanz nach dem Bilanzgliederungsprinzip.
3. Abschluss der Bilanz.

Kernwissen

- Grundlage der Bilanzerstellung ist das Inventar.
- In der Bilanz werden Vermögen und Kapital gegenübergestellt.
- Die Vermögenswerte nennt man **Aktiva**, die Kapitalwerte **Passiva**.
- Das Eigenkapital bildet den Ausgleich zwischen Vermögen und Schulden.
- Die Bilanz (ital. bilancia = Waage) ist somit stets ausgeglichen. Daraus ergibt sich die Bilanzgleichung:
  Aktiva = Passiva
  bzw.
  Vermögen = Kapital

Übungsaufgaben

1. Die Sanitärgroßhändlerin Karin Mühlburger ermittelte aufgrund der Inventur vom 31.12.20.. nachfolgende Werte (in Euro).

Grundstücke und Gebäude		850 000,00
Fuhrpark		
– VW Transporter MA – BV 115	12 000,00	
– Pkw MA – SM 220	17 500,00	
BGA lt. Verzeichnis		58 200,00
Waren lt. Verzeichnis		124 500,00
Forderungen		
– Uwe Leuck e. K., Heidelberg	8 500,00	
– Cornelia Unger OHG, Viernheim	1 350,00	
– Gerd Lehmann e. K., Mannheim	12 200,00	
Bankguthaben		
– Deutsche Bank	35 200,00	
– Sparkasse	22 050,00	
Kassenbestand		8 500,00
Verbindlichkeiten aus Lieferungen und Leistungen		
– Fuad Esen GmbH, Ludwigshafen	51 700,00	
– Brigitte Weber & Co. KG, Karlsruhe	19 300,00	
– Freddy Münster e. K., Worms	36 200,00	
Hypothekendarlehen		620 000,00

Erstellen Sie aus den vorliegenden Werten zunächst das Inventar und anschließend die Bilanz.

2. Sie sind als Fachkraft für Lagerlogistik bei der Elektrogroßhandlung Markus Pluskat & Co., in Tuttlingen beschäftigt und sollen in der letzten Dezemberwoche zusammen mit zwei Aushilfskräften die Jahresinventur durchführen.

a) Vor Arbeitsbeginn erläutern Sie den neuen Kollegen die drei unterschiedlichen Inventurarten.

b) Nach Beendigung der Inventur am 31.12.20.., bei der nachfolgende Werte ermittelt wurden, erstellen Sie zunächst das Inventar und im Anschluss daran die Bilanz.

Ermittelte Inventurwerte (in Euro):

Gebäude		650 000,00
Fuhrpark – TUT MP 220 – TUT UB 315 – TUT HPB 817	 35 000,00 16 500,00 23 500,00	
Bankguthaben		112 000,00
Kassenbestand		13 000,00
Waren lt. Verzeichnis		295 000,00
Hypothekendarlehen		480 000,00
Forderungen lt. Verzeichnis		150 000,00
Verbindlichkeiten – Hans-Peter Barnert, Stuttgart – Ulrich Becker, Ulm	 117 200,00 98 500,00	
Geschäftsausstattung lt. Verzeichnis	155 000,00	
Darlehen bei der Sparkasse		120 000,00

c) Zum Schluss berechnen Sie den prozentualen Anteil des Eigenkapitals ab der Bilanzsumme.

1.2.4 Zusammenhang: Inventur, Inventar und Bilanz

Situation

In einer ruhigen Minute gehen Florian nochmals die Begriffe Inventur, Inventar und Bilanz durch den Kopf und er fragt sich, ob und wenn ja wie ein Zusammenhang zwischen diesen Begriffen besteht.

Handlungsaufträge

1. *Zeigen Sie den Zusammenhang zwischen Inventur, Inventar und Bilanz auf.*
2. *Erklären Sie Florian, welche Gemeinsamkeiten und Unterschiede Inventar und Bilanz aufweisen.*

Wie aus nachfolgender Abbildung hervorgeht dient die Inventur der Aufstellung des Inventars, das wiederum als Grundlage für die Bilanzerstellung anzusehen ist.

Inventur =
mengen- und wertmäßige Bestandsaufnahme aller Vermögenswerte und Schulden

↓ führt zum

Inventar =
ein lückenloses Verzeichnis aller Vermögenswerte und Schulden nach Art, Menge und Wert

↓ liefert Kontrollzahlen für die

Bilanz =
kurzgefasste Gegenüberstellung von Vermögen und Schulden einer Unternehmung

Betrachtet man Inventar und Bilanz genauer, so lassen sich folgende Gemeinsamkeiten feststellen:

1. beide zeigen den Stand des Vermögens und des Kapitals einer Unternehmung,
2. beide sind vom Inhaber zu unterschreiben und zehn Jahre aufzubewahren (§ 257 (4) HGB),
3. beide sind bei der Gründung sowie regelmäßig zum Schluss eines jeden Geschäftsjahres aufzustellen.

An **Unterschieden** ergeben sich:

Inventar	Bilanz
– ausführlich, aber unübersichtlich – Angaben von Mengen, Einzelpreisen und Gesamtpreisen – Darstellung in Staffelform	– kurz und übersichtlich – nur Angabe von Gesamtpreisen – Darstellung in Kontenform

Kernwissen

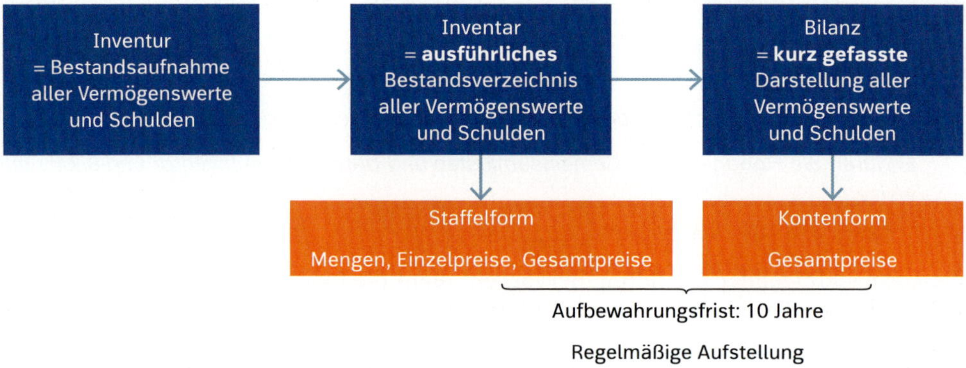

2 Buchen auf Bestandskonten

2.1 Wertveränderungen in der Bilanz

Situation

Wegen seines offensichtlichen Interesses an der Buchführung und seines guten Einsatzes bei der Inventur wird Florian zum Leiter der RW-Abteilung, Herrn Barth, gerufen, der ihm die erstellte Bilanz vorlegt. Während des Gespräches versucht der Abteilungsleiter, Florian die Auswirkungen verschiedener Geschäftsvorfälle auf die Bilanz zu verdeutlichen.

Handlungsauftrag

Überlegen Sie, wie sich Geschäftsvorfälle grundsätzlich auf die Bilanz auswirken könnten.

Jeder Geschäftsvorfall verändert die Bilanz in zweifacher Weise. Nach der Art der Auswirkung unterscheidet man vier typische Möglichkeiten, die wir nun anhand unseres Eingangsbeispiels darlegen wollen.

Aktiva	Bilanz		Passiva
Grundstücke	340 000,00	Eigenkapital	83 000,00
Fuhrpark	38 300,00	Hypothekenschulden	280 000,00
Geschäftsausstattung	55 700,00	Darlehen	55 000,00
Waren	18 400,00	Verbindlichkeiten	82 000,00
Forderungen	5 700,00		
Bank	21 900,00		
Kasse	20 000,00		
	500 000,00		500 000,00

1. Aktivtausch

Beispiel: *Wir kaufen Waren für 5 000,00 € gegen Barzahlung.*

Ergebnis: *Der Geschäftsvorfall betrifft nur die Aktivseite der Bilanz.*

Waren	+ 5 000,00	auf	23 400,00
Kasse	– 5 000,00	auf	15 000,00

Wie man erkennen kann, bleibt die Bilanzsumme in ihrer Höhe unverändert, da es lediglich zu einer Umschichtung innerhalb der Aktivseite der Bilanz kommt.

2. Passivtausch

Beispiel: *Eine kurzfristige Verbindlichkeit in Höhe von 10 000,00 € wird in ein Darlehen umgewandelt.*

Ergebnis: *Der Geschäftsvorfall betrifft nur die Passivseite der Bilanz:*

Verbindlichkeiten	– 10 000,00	auf	72 000,00
Darlehen	+ 10 000,00	auf	65 000,00

Auch in diesem Fall bleibt die Bilanzsumme in ihrer Höhe unverändert, wenngleich es zu einer Umschichtung innerhalb der Passivseite gekommen ist.

3. Aktiv-Passivmehrung

Beispiel: *Wir kaufen Waren für 5 000,00 € auf Ziel.*[1]

Ergebnis: *Der Geschäftsvorfall betrifft sowohl die Aktivseite (Waren) als auch die Passivseite (Verbindlichkeiten):*

Waren	+ 5000,00	auf	23400,00
Verbindlichkeiten	+ 5000,00	auf	87000,00

Im vorliegenden Fall wird die Summe der Bilanz um 5 000,00 € verlängert, da einer Vermehrung der Aktivseite eine ebenso große Vermehrung der Passivseite gegenübersteht. Die Bilanzgleichung bleibt somit gewahrt.

4. Aktiv-Passivminderung

Beispiel: *Wir bezahlen eine Liefererrechnung in Höhe von 10 000,00 € durch Banküberweisung.*

Ergebnis: *Auch bei diesem Geschäftsvorfall werden beide Seiten der Bilanz berührt:*

Bank	- 10000,00	auf	11900,00
Verbindlichkeiten	- 10000,00	auf	72000,00

Der Verminderung eines Aktivkontos „Bank" steht eine Verminderung des Passivkontos „Verbindlichkeiten" in der gleichen Höhe gegenüber. Die Bilanz wird demzufolge verkürzt. Das Bilanzgleichgewicht bleibt auch hier erhalten.

Kernwissen

- Jeder Geschäftsvorfall verändert mindestens zwei Posten in der Bilanz.
- Je nach der Art der Veränderung unterscheidet man:
  - Aktivtausch = Veränderung auf der Aktivseite
  - Passivtausch = Veränderung auf der Passivseite
  - Aktiv-Passivmehrung = Vermehrung beider Bilanzseiten
  - Aktiv-Passivminderung = Verminderung auf beiden Bilanzseiten
- Bei allen vier Veränderungsarten bleibt die Bilanzgleichung erhalten. Es ändert sich lediglich die wertmäßige Zusammensetzung der einzelnen Posten.

[1] *„Auf Ziel" bedeutet in diesem Fall, dass wir die Ware nicht sofort, sondern erst nach Ablauf eines vorgegebenen Zeitraums (Ziel) bezahlen müssen. Bis zur endgültigen Zahlung haben wir unseren Lieferanten gegenüber Schulden bzw. Verbindlichkeiten.*

Übungsaufgabe

1. ***Bei jedem der folgenden Geschäftsvorfälle sind diese Fragen zu beantworten:***
   a) Welche Bilanzpositionen werden berührt?
   b) Handelt es sich um Aktiv- oder Passivpositionen der Bilanz?
   c) Wie wirkt sich der Geschäftsvorfall auf die Bilanz aus?
   d) Welche Art der Bilanzveränderung liegt dem jeweiligen Geschäftsvorfall zugrunde?

Geschäftsvorfälle:	€
1. Kauf einer EDV-Anlage auf Ziel	*5400,00*
2. Begleichen einer Lieferantenrechnung durch Banküberweisung	*3800,00*
3. Ein Kunde begleicht eine Rechnung über durch Banküberweisung	*3500,00*
4. Einkauf von Waren bar	*8200,00*
5. Barverkauf eines Pkw	*12000,00*
6. Umwandlung einer Verbindlichkeit in ein Darlehen	*20000,00*
7. Wareneinkauf auf Ziel	*9000,00*
8. Tilgung eines Darlehens durch Banküberweisung	*20000,00*

2.2 Die Ableitung von Konten aus der Bilanz

Situation

Nachdem Florian die unterschiedlichen Veränderungsmöglichkeiten in der Bilanz aufgezeigt wurden, fragt er den Abteilungsleiter, ob denn nun nach jedem Geschäftsvorfall eine neue Bilanz erstellt werden muss, verbieten doch die GoB das Radieren bzw. Unleserlichmachen.

Handlungsauftrag

Unterbreiten Sie einen Vorschlag, wie sich die laufenden (Bestands-)Verbuchungen von Geschäftsvorfällen organisieren lassen, ohne dass die Bilanz ständig verändert werden muss.

Eine neue Erstellung der Bilanz nach jedem Geschäftsvorfall ist in der Praxis nicht möglich und auch nicht nötig, da die Wertveränderungen auch außerhalb der Bilanz erfasst werden können. Dazu ist es jedoch erforderlich, für jede Position auf der Aktiv- und Passivseite ein eigenes Konto einzurichten und die vorhandenen Anfangsbestände darauf vorzutragen, d. h., man leitet die Konten aus ihrer Stellung innerhalb der Bilanz ab.

Das Konto (ital. „conto“ = Rechnung) wird i. d. R. in T-Form zur getrennten und übersichtlichen Aufzeichnung von Geschäftsvorfällen geführt.

Die linke Seite des Kontos nennt man dabei **„Soll“**, die rechte Seite **„Haben“**.

Das Führen eines Kontos, d. h., das Eintragen von Veränderungen bezeichnet man als „buchen“.

Da die Positionen der Aktiv- und Passivseite ihre **Anfangsbestände** (AB) aus der Eröffnungsbilanz übernehmen, bezeichnet man sie auch als **Bestandskonten**.

Musteraufgabe

Die auf Seite 23 erstellte Bilanz soll in ihre einzelnen Konten aufgelöst werden.

Musterlösung

Eröffnungsbilanz

Aktiva		Passiva	
Grundstücke	340 000,00	Eigenkapital	83 000,00
Fuhrpark	38 300,00	Hypothekenschulden	280 000,00
Geschäftsausstattung	55 700,00	Darlehen	55 000,00
Waren	18 400,00	Verbindlichkeiten	82 000,00
Forderungen	5 700,00		
Bank	21 900,00		
Kasse	20 000,00		
	500 000,00		500 000,00

S	Grundstücke	H
AB[1]	340 000,00	

S	Fuhrpark	H
AB	38 300,00	

S	Geschäftsausstattung	H
AB	55 700,00	

S	Waren	H
AB	18 400,00	

S	Forderungen	H
AB	5 700,00	

S	Bank	H
AB	21 900,00	

S	Kasse	H
AB	20 000,00	

S	Eigenkapital	H
	AB	83 000,00

S	Hypothekenschulden	H
	AB	280 000,00

S	Darlehen	H
	AB	55 000,00

S	Verbindlichkeiten	H
	AB	82 000,00

Aktivkonten

Bei ihnen werden die Anfangsbestände auf der linken Seite (im **„Soll"**) verbucht, weil sie auch in der Bilanz links stehen.

Passivkonten

Die Anfangsbestände werden rechts (im **„Haben"**) verbucht, weil sie auch in der Bilanz auf der rechten Seite stehen.

Lösungsschritte

1. Zunächst werden alle Konten der Aktivseite nacheinander als eigenständige Konten eröffnet.
   Dabei gilt: **Aktivkonten** haben ihre Anfangsbestände immer im **Soll**.
2. Anschließend werden die einzelnen Passivkonten eröffnet.
   Dabei gilt: **Passivkonten** haben ihre Anfangsbestände immer im **Haben**.

[1] *AB = Anfangsbestand*

Kernwissen

- Wertveränderungen werden auf eigenen Konten, sog. „T-Konten" erfasst, wobei gilt:

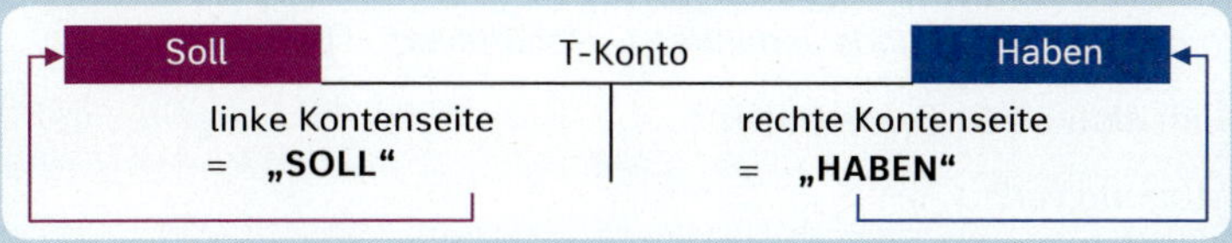

- Aktiv- und Passivkonten bezeichnet man auch als Bestandskonten, weil sie Bestände aufzeigen.

2.3 Buchen auf Aktiv- und Passivkonten

Situation

Herr Barth, der Leiter der Abteilung Rechnungswesen, macht Florian, der von den vielen Besonderheiten der Buchführung bereits irritiert ist, darauf aufmerksam, dass es für die Veränderungen bei Aktiv- und Passivkonten eine einfache Regel gibt, die man immer anwenden kann.

Handlungsauftrag

Überlegen Sie sich eine Regelung, mit der man die Veränderungen sowohl bei Aktiv- als auch bei Passivkonten aufzeigen könnte.

Jeder Geschäftsvorfall ruft Veränderungen auf mindestens zwei Konten hervor, sodass immer genau überlegt sein muss, ob durch die Veränderungen ein Aktiv- oder Passivkonto betroffen ist.

1. **Veränderungen bei Aktivkonten:**

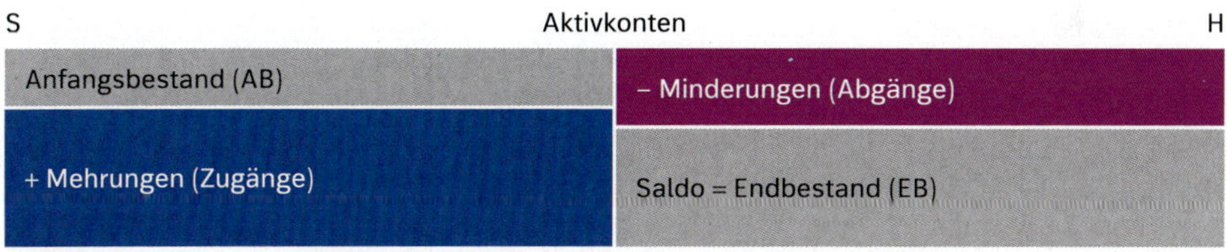

Regel:
Bei Aktivkonten gilt: Zugänge → **Soll**
Abgänge → **Haben**

2. **Veränderungen bei Passivkonten:**

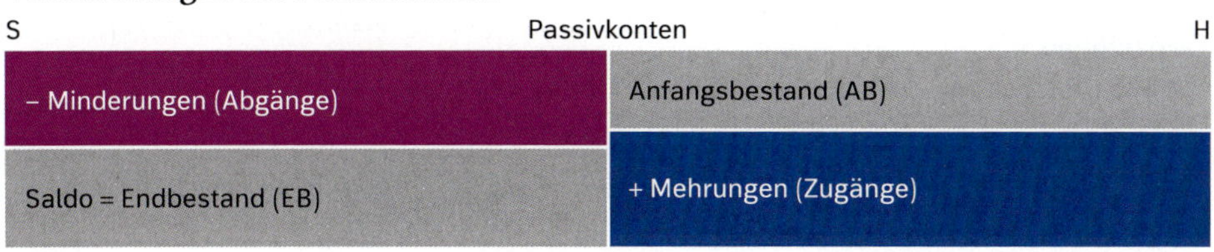

Regel:
Bei Passivkonten gilt: Zugänge → **Haben**
Abgänge → **Soll**

Merke

Vor jeder Buchung gilt es, folgende Überlegungen anzustellen:

1. *Welche Konten werden durch den zugrunde liegenden Geschäftsvorfall berührt?*
2. *Handelt es sich dabei um Aktiv- oder Passivkonten?*
3. *Liegt ein Zu- oder ein Abgang vor?*
4. *Auf welchen Kontenseiten ist demzufolge zu buchen?*

Beispiele: *Folgende Geschäftsvorfälle sind auf den Bestandskonten zu verbuchen:*

1. *Barverkauf eines Pkw für 15 000,00 €.*

Feststellung:

Kasse:	Zugang + 15 000,00 → Aktivkonto	⇒	**Soll**	**Aktivtausch**
Fuhrpark:	Abgang − 15 000,00 → Aktivkonto	⇒	**Haben**	

Buchung:

Kasse	→ Soll	15 000,00
Fuhrpark	→ Haben	15 000,00

2. *Wir kaufen Waren auf Ziel für 2 000,00 €.*

Feststellung:

Waren:	Zugang + 2 000,00 → Aktivkonto	⇒	**Soll**	**Aktiv-/Passiv-mehrung**
Verbindlichkeiten:	Zugang + 2 000,00 → Passivkonto	⇒	**Haben**	

Buchung:

Waren	→ Soll	2 000,00
Verbindlichkeiten	→ Haben	2 000,00

3. *Wir überweisen einen Teil unserer Verbindlichkeiten in Höhe von 1 000,00 € durch Banküberweisung.*

Feststellung:

Verbindlichkeiten:	Abgang − 1 000,00 → Passivkonto	⇒	**Soll**	**Aktiv-/Passiv-minderung**
Bank:	Abgang − 1 000,00 → Aktivkonto	⇒	**Haben**	

Buchung:

Verbindlichkeiten	→ Soll	1 000,00
Bank	→ Haben	1 000,00

4. *Umwandlung einer kurzfristigen Verbindlichkeit in ein langfristiges Darlehen in Höhe von 4 000,00 €.*

Feststellung:

Verbindlichkeiten:	Abgang − 4 000,00 → Passivkonto	⇒	**Soll**	**Passivtausch**
Darlehen:	Zugang + 4 000,00 → Passivkonto	⇒	**Haben**	

Buchung:

Verbindlichkeiten	→ Soll	4 000,00
Darlehen	→ Haben	4 000,00

Kernwissen

- Die Mehrungen (Zugänge) stehen immer auf der Seite der Anfangsbestände, weil sie diese Bestände vergrößern.
- Die Minderungen (Abgänge) stehen immer auf der entgegengesetzten Seite.
- Nach der Ermittlung des Saldos müssen beide Seiten gleich groß sein.
- Jeder Geschäftsvorfall ist doppelt zu buchen und berührt mindestens zwei Konten und zwar:
  einmal im **Soll** und
  einmal im **Haben**
- Für jeden Geschäftsvorfall gilt:
  Gebuchter **Soll**-Betrag = gebuchter **Haben**-Betrag

2.4 Der Buchungssatz

Situation

Das bisher benutzte „Überlegungsschema" zur Feststellung der erforderlichen Buchungen auf den Bestandskonten erscheint Florian sehr zeitaufwendig. Deshalb überlegt er, wie man die Buchungen vereinfachen könnte.

Handlungsauftrag

Stellen Sie anhand eines beliebigen Geschäftsvorfalls fest, welche Informationen für die Verbuchung unbedingt erforderlich sind.

2.4.1 Der einfache Buchungssatz

Wie bereits gezeigt löst jeder Geschäftsvorfall eine „Soll-" und eine „Habenbuchung" aus, wobei zunächst im „Soll" und anschließend im „Haben" gebucht wird.

Merke

Erst Soll, dann Haben!

Bevor jedoch die Buchung auf dem Konto vorgenommen wird, ist sie im **Grundbuch**, auch Tagebuch oder Journal genannt, zu erfassen. Für diese Erfassung entwickelte die Praxis den Buchungssatz, der die Konten angibt, auf denen zu buchen ist.

Der Buchungssatz nennt dabei zunächst
- das Konto der **Soll**-Buchung,
- dann das Wörtchen **„an"** und schließlich
- das Konto der **Haben**-Buchung.

Merke

Soll
an Haben

Musteraufgabe

Barverkauf eines Pkw für 15 000,00 €.

Musterlösung

Buchungssatz:

Kasse	15 000,00	
an Fuhrpark		15 000,00

a) **Verbuchung im Grundbuch:**

Grundbuch			
Datum	Buchungssatz	Soll	Haben
11. Mai 20..	Kasse an Fuhrpark	15 000,00	 15 000,00

b) **Verbuchung im Hauptbuch:**
In den einzelnen Bestandskonten, die das Hauptbuch darstellen, ergeben sich dadurch folgende Buchungen:

Hauptbuch

S	Kasse		H
AB	20 000,00		
Fuhrpark	15 000,00		

S	Fuhrpark		H
AB	38 300,00	Kasse	15 000,00

Aus Gründen der Überprüfbarkeit wird bei der Eintragung des Buchungssatzes auf den Konten des Hauptbuches stets das jeweilige Gegenkonto angegeben.

Lösungsschritte

1. Welche Konten werden durch den Geschäftsvorfall berührt?
   Hier: Kasse und Fuhrpark
2. Handelt es sich dabei um Aktiv- oder Passivkonten?
   Hier: Aktivkonten
3. Liegt auf den einzelnen Konten ein Zu- (+) oder ein Abgang (–) vor?
   Hier: Kasse +/Fuhrpark –
4. Auf welchen Kontenseiten ist demnach zu buchen?
   Hier: Kasse: Zunahme ⇒ Soll
   Fuhrpark: Abnahme ⇒ Haben
5. Wie lautet demnach der Buchungssatz?
   Hier: Kasse an Fuhrpark

Kernwissen

- Beim Buchungssatz handelt es sich um eine kurz gefasste Anweisung (sog. Kontenanruf), wie ein Geschäftsvorfall zu buchen ist.
- Beim einfachen Buchungssatz werden zwei Konten berührt.
- Zunächst wird der Betrag auf ein Konto auf der Sollseite und danach auf ein Konto auf der Habenseite gebucht; vereinfacht:
  Soll an Haben
- Für jeden Buchungssatz gilt:
  Summe der Sollbuchungen = Summe der Habenbuchungen

Übungsaufgaben

1. ***Sie sollen als Mitarbeiter/-in der Düngemittelwerke Fritz OHG in Mannheim nachfolgende Belege verbuchen.***

Empfangsbescheinigung

Über **Bareinzahlung** auf das **eigene Konto**

Kontonummer	lautend auf Name, Vorname/Firma
58306393	Düngemittelwerke Fritz OHG

Euro
2.000,00

01.01.20.. — Lena Steiner

Datum — Unterschrift der einzahlenden Person

E. da Rocha

Kassierer/-in

SEPA-Überweisung **VOMADE2XXX**

Für Überweisungen in Deutschland sowie andere EU-Staaten und in die Schweiz in Euro

Angaben zum Zahlungsempfänger: Name, Vorname/Firma (max. 27 Stellen, bei maschineller Beschriftung max. 35 Stellen)
DASF SE, LUDWIGSHAFEN

IBAN
DE22 1235 8135 0000 1234 56

BIC des Kreditinstituts/Zahlungsdienstleisters (8 oder 11 Stellen)

SEPA-Überweisung €

Betrag: Euro, Cent
18.000,00

Kunden-Referenznummer - Verwendungszweck, ggf. Name und Anschrift des Zahlers - (nur für Zahlungsempfänger)
RG: v.18.06.20..; Rg.Nr.175

noch Verwendungszweck (insgesamt max. 2 Zeilen à 27 Stellen, bei maschineller Beschriftung max. 2 Zeilen à 35 Stellen)

Angaben zum Kontoinhaber: Name, Vorname/Firma, Ort (max. 27 Stellen, keine Straßen- oder Postfachangaben)
Düngemittelwerke Fritz OHG

IBAN
DE56 6751 0101 0013 5798 64 16

Datum: 18.07.20..

Unterschrift(en): Britta Neumann

SEPA-Überweisung Euro

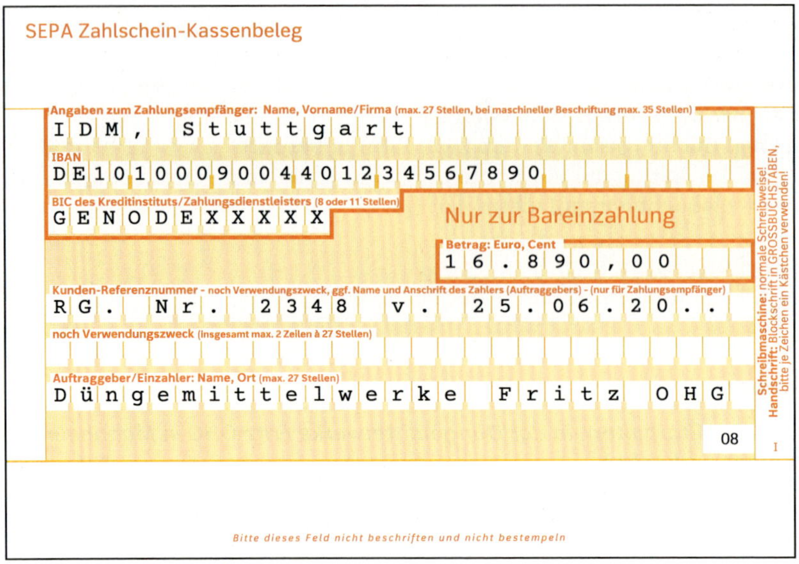

SEPA Zahlschein-Kassenbeleg

Angaben zum Zahlungsempfänger: Name, Vorname/Firma (max. 27 Stellen, bei maschineller Beschriftung max. 35 Stellen)
IDM, Stuttgart

IBAN
DE1010009004401234567890

BIC des Kreditinstituts/Zahlungsdienstleisters (8 oder 11 Stellen)
GENODEXXXXX

Nur zur Bareinzahlung

Betrag: Euro, Cent
16.890,00

Kunden-Referenznummer - noch Verwendungszweck, ggf. Name und Anschrift des Zahlers (Auftraggebers) - (nur für Zahlungsempfänger)
RG. Nr. 2348 v. 25.06.20..

noch Verwendungszweck (insgesamt max. 2 Zeilen à 27 Stellen)

Auftraggeber/Einzahler: Name, Ort (max. 27 Stellen)
Düngemittelwerke Fritz OHG

08 I

Schreibmaschine: normale Schreibweise! Handschrift: Blockschrift in GROSSBUCHSTABEN, bitte je Zeichen ein Kästchen verwenden!

Bitte dieses Feld nicht beschriften und nicht bestempeln

2. ***Bei der Firma Dorothea Klug, Bad Mergentheim, ergeben sich folgende Geschäftsvorfälle:***

		€
1.	Warenverkauf gegen Bankscheck	8000,00
2.	Zieleinkauf von Waren	15000,00
3.	Kauf einer Schreibmaschine auf Ziel	1200,00
4.	Barzahlung eines Kunden	800,00
5.	Aufnahme eines Darlehens; der Betrag wird unserem Bankkonto gutgeschrieben	25000,00
6.	Barabhebung von unserem Bankkonto	2500,00
7.	Barzahlung an einen Lieferer zum Ausgleich einer Verbindlichkeit	3900,00
8.	Bareinzahlung auf unser Bankkonto	5000,00
9.	Umwandlung einer Liefererschuld in eine Darlehensschuld	8000,00
10.	Teilrückzahlung der Darlehensschuld bar	2000,00

Bilden Sie die entsprechenden Buchungssätze und tragen Sie diese in das Grundbuch ein.

3. ***Bei der Großhandlung Neumann & Ausanio GmbH ergeben sich folgende Geschäftsvorfälle, durch die die Vermögensbestände verändert werden.***

		€
1.	Wareneinkauf bar	1000,00
2.	Ein Kunde überweist auf unser Bankkonto	1800,00
3.	Kauf eines PC auf Ziel	6300,00
4.	Warenverkauf auf Ziel	750,00
5.	Verkauf eines Pkw gegen Banküberweisung	12000,00
6.	Banküberweisung an Lieferer	4200,00
7.	Kauf eines Grundstücks gegen Bankscheck	35000,00
8.	Überweisung vom Postbankkonto auf das Bankkonto	3000,00

Bilden Sie die entsprechenden Buchungssätze und übertragen Sie diese in das Grundbuch.

4. ***Sie sind derzeit in der Buchhaltung des Nürnberger Lagerhalters Bergner & Co. KG beschäftigt und erhalten von Herrn Kai Bergner am 07.01.20.. den Auftrag, nachfolgenden Kontoauszug zu verbuchen.***

Übertragen Sie hierzu den unten aufgeführten Buchungsstempel in Ihr Heft und nehmen Sie dort Ihre Verbuchung vor.

Kontoauszug Volksbank Nürnberg | BIC: GENODEF1N02

IBAN DE68 7606 0618 1071 1052 15 | Auszugsnummer 6

Nr.	Datum	Erläuterung	Lastschriften in €	Gutschriften in €
1.	**03.01.20..**	**Überweisung Esen GmbH**		**713,75**
2.	**05.01.20..**	**Barabhebung**	**3500,00**	

Bergner & Co. KG
Talstraße 15–18
90412 Nürnberg

Alter Kontostand: 17680,00

Neuer Kontostand: 14893,75

Kontoauszug vom 06.01.20..

Buchungsstempel Nürnberger Lagerhalter Bergner & Co. KG

Nr.	Konto	Soll	Haben
1.	....		
	an		
2.	....		
	an		
Datum:		Unterschrift:	

2.4.2 Der zusammengesetzte Buchungssatz

Während beim einfachen Buchungssatz lediglich zwei Konten angerufen wurden, berührt der zusammengesetzte Buchungssatz mindestens drei Konten.

Musteraufgabe 1

Ein Unternehmen kauft einen Pkw für 25 000,00 €, indem es 10 000,00 € bar bezahlt und den Rest mit einem Bankscheck begleicht.

Musterlösung 1

Buchungssatz:

Fuhrpark		25 000,00	
an	Kasse		10 000,00
	Bank		15 000,00

a) **Verbuchung im Grundbuch:**

Grundbuch			
Datum	Buchungssatz	Soll	Haben
29. Mai 20..	Fuhrpark an Kasse Bank	25 000,00	 10 000,00 15 000,00

Musteraufgabe 2

b) **Verbuchung im Hauptbuch:**

Hauptbuch

S	Fuhrpark		H
AB	38 300,00		
Kasse/ Bank	25 000,00		

S	Kasse		H
AB	20 000,00	Fuhrpark	10 000,00

S	Bank		H
AB	21 900,00	Fuhrpark	15 000,00

Ein Kunde begleicht eine Rechnung über 12 000,00 € durch Banküberweisung 8 000,00 € und Postbanküberweisung 4 000,00 €.

Musterlösung 2

Buchungssatz:

Bank	8 000,00	
Postbank	4 000,00	
an Forderungen		12 000,00

a) **Verbuchung im Grundbuch:**

Grundbuch

Datum	Buchungssatz	Soll	Haben
17. Oktober 20..	Bank	8 000,00	
	Postbank	4 000,00	
	an Forderungen		12 000,00

b) **Verbuchung im Hauptbuch:**

Hauptbuch

S	Bank		H
AB	21 900,00		
Forderungen	8 000,00		

S	Postbank		H
AB	17 000,00		
Forderungen	4 000,00		

S	Forderungen		H
AB	25 700,00	Bank/ Postbank	12 000,00

Lösungsschritte

(bezogen auf die Musterlösung 2)

1. Welche Konten werden berührt?
   Hier: Bank, Postbank und Forderungen

2. Handelt es sich dabei um Aktiv- oder Passivkonten?
   Hier: Aktivkonten
3. Liegt bei den einzelnen Konten ein Zu- (+) oder ein Abgang (–) vor?
   Hier: Bank, Postbank +/Forderungen –
4. Wo sind demnach die Zu- bzw. Abnahmen zu verbuchen?

Hier:		
	Bank:	Zunahme → Soll
	Postbank:	Zunahme → Soll
	Forderungen:	Abnahme → Haben

5. Wie lautet demnach der Buchungssatz?
   Hier: Bank, Postbank an Forderungen

Kernwissen

- Beim zusammengesetzten Buchungssatz werden mehr als zwei Konten berührt.
- Für jeden Buchungssatz gilt:
  Summe der Sollbuchungen = Summe der Habenbuchungen

Übungsaufgaben

1. Verbuchen Sie folgende Geschäftsvorfälle im Grundbuch. **€**

	€
1. Begleichen einer Liefererrechnung über 24000,00 €	
– durch Banküberweisung	16000,00
– durch Postbanküberweisung	5000,00
– bar	3000,00
2. Ein Kunde zahlt seine Rechnung über 12800,00 €	
– durch Banküberweisung	10000,00
– durch Postbanküberweisung	2800,00
3. Wareneinkauf über 25500,00 €	
– gegen Barscheck	5500,00
– auf Ziel	20000,00
4. Verkauf einer alten EDV-Anlage zum Buchwert von 2900,00 €	
– gegen Barzahlung	900,00
– auf Ziel	2000,00
5. Kauf eines Pkw zum Preis von 45000,00 €	
– gegen Barzahlung	5000,00
– gegen Bankscheck	20000,00
– gegen Postbankscheck	10000,00
– Rest auf Ziel	?

2. Wie lauten die Buchungssätze für folgende Geschäftsvorfälle?

	€
1. Tilgung einer Darlehensschuld	
– durch Barzahlung	12000,00
– durch Banküberweisung	18000,00
2. Bareinzahlungen	
– auf das Bankkonto	3000,00
– auf das Postbankkonto	2800,00

3. Kauf einer Bestückmaschine zum Preis von 17000,00 €, indem 5000,00 € bar angezahlt werden. Der Rest verteilt sich im Verhältnis 2 : 1 auf Bank- und Postbankkonto.

3. Bilden Sie die Geschäftsvorfälle, die folgenden Buchungssätzen zugrunde liegen.

Nr.	Konten	Soll	Haben
1.	Bank Postbank Kasse an Fuhrpark	20 000,00 5 000,00 3 500,00	 28 500,00
2.	Waren an Bank Verbindlichkeiten	17 500,00	 10 000,00 7 500,00
3.	Verbindlichkeiten an Kasse Bank	7 500,00	 2 500,00 5 000,00
4.	Grundstück an Hypothekenschuld Bank Kasse	80 000,00	 50 000,00 25 000,00 5 000,00
5.	Kasse an Bank	10 000,00	 10 000,00
6.	Hypothekenschuld an Bank	20 000,00	 20 000,00
7.	Bank Forderungen an Gebäude	40 000,00 170 000,00	 210 000,00

4. Bilden Sie die Buchungssätze zu folgenden Geschäftsvorfällen:

		€
1.	Wareneinkauf auf Ziel	500,00
2.	Verkauf eines gebrauchten Pkw gegen:	
	– Barzahlung	800,00
	– Postbankscheck	1 200,00
	– Bankscheck	4 000,00
	– Ziel	5 000,00
3.	Barzahlung an einen Lieferer zum Ausgleich einer Rechnung	1 300,00
4.	Barzahlung eines Kunden	400,00
5.	Aufnahme eines Darlehens bar	20 000,00
6.	Wareneinkauf auf Ziel	6 000,00
7.	Barabhebung von unserem Bankkonto	3 500,00
8.	Kauf einer EDV-Anlage auf Ziel	4 300,00
9.	Eine Liefererrechnung wird bar	300,00
	und durch Banküberweisung bezahlt	2 000,00
10.	Bareinzahlung auf eigenes Bankkonto	2 700,00
11.	Kauf eines Gabelstaplers auf Ziel	39 500,00
12.	Eine Verbindlichkeit wird in ein Darlehen umgewandelt	8 000,00

5. *Verbuchen Sie folgende Geschäftsvorfälle im Grundbuch.*

		€
1.	Banküberweisung an unseren Lieferer	8000,00
2.	Warenverkauf auf Ziel	3500,00
3.	Kauf eines Grundstückes gegen:	
	– Bankscheck	42000,00
	– Postbankscheck	27000,00
	– Ziel	131000,00
4.	Verkauf einer gebrauchten EDV-Anlage bar	1200,00
5.	Ein Kunde begleicht seine Rechnung durch Bankscheck	2800,00
6.	Wareneinkauf bar	5700,00
7.	Bareinzahlung auf unser Bankkonto	8200,00
8.	Teilrückzahlung unseres Darlehens durch Banküberweisung	25000,00
9.	Kauf einer Produktionsmaschine auf Ziel	12800,00
10.	Kauf eines gebrauchten Pkw gegen:	
	– Barzahlung	5000,00
	– Bankscheck	13000,00
	– auf Ziel	12000,00

2.5 Der Abschluss der Bestandskonten

Situation

Nachdem am Jahresende sämtliche Buchungen abgeschlossen sind, soll Florian im Betriebsunterricht u. a. den Stand der Konten ‚Kasse' und ‚Bank' ermitteln und eine stark vereinfachte Bilanz erstellen.

Handlungsaufträge

1. *Unterbreiten Sie einen Vorschlag, wie man die Schlussbestände der einzelnen Bestandskonten ermitteln kann.*
2. *Erläutern Sie die einzelnen Schritte des Kontenabschlusses.*
3. *Erstellen Sie eine Schlussbilanz.*

Sobald alle Geschäftsvorfälle im Hauptbuch verbucht sind, müssen die Salden, d.h. die Schluss- oder Endbestände sämtlicher Konten, ermittelt werden. Deren Gegenbuchung erfolgt in der Schlussbilanz, die es anschließend – i.d.R. am Jahresende – zu erstellen gilt.

Die **Abschlussbuchungen** dazu lauten:

a) *für die Aktivkonten:*

Schlussbilanz
an Aktivkonten

b) *für die Passivkonten:*

Passivkonten
an Schlussbilanz

Musteraufgabe

1. Erstellen Sie anhand der Inventarwerte von Seite 16 die Eröffnungsbilanz.
2. Eröffnen Sie die einzelnen Bestandskonten.
3. Verbuchen Sie die Geschäftsvorfälle von Seite 32 auf den einzelnen Konten.
4. Erstellen Sie danach die Schlussbilanz, indem Sie die einzelnen Konten des Hauptbuches abschließen.

Musterlösung

a) **Buchungssätze:**
(Anhand der Geschäftsvorfälle von Seite 32 ergeben sich folgende Buchungssätze.)

1.	Kasse	15000,00	
	an Fuhrpark		15000,00
2.	Waren	2000,00	
	an Verbindlichkeiten		2000,00
3.	Verbindlichkeiten	1000,00	
	an Bank		1000,00
4.	Verbindlichkeiten	4000,00	
	an Darlehen		4000,00

Abschlussbuchungen:

I.	Schlussbilanz
	an Aktivkonten
II.	Passivkonten
	an Schlussbilanz

b) **Abschluss der Bestandskonten auf T-Konten:**

Eröffnungsbilanz zum 1. Januar 20..

Aktiva		Passiva	
Grundstücke	340 000,00	Eigenkapital	83 000,00
Fuhrpark	38 300,00	Hypothek	280 000,00
BGA[1]	55 700,00	Darlehen	55 000,00
Waren	18 400,00	Verbindlichkeiten	82 000,00
Forderungen	5 700,00		
Bank	21 900,00		
Kasse	20 000,00		
	500 000,00		500 000,00

Grundstücke

S		H	
AB	340 000,00	EB	340 000,00

Fuhrpark

S		H	
AB	38 300,00	①	15 000,00
		EB	23 300,00
	38 300,00		38 300,00

BGA

S		H	
AB	55 700,00	EB	55 700,00

Waren

S		H	
AB	18 400,00	EB	20 400,00
②	2 000,00		
	20 400,00		20 400,00

Forderungen

S		H	
AB	5 700,00	EB	5 700,00

Bank

S		H	
AB	21 900,00	③	1 000,00
		EB	20 900,00
	21 900,00		21 900,00

Kasse

S		H	
AB	20 000,00	EB	35 000,00
①	15 000,00		
	35 000,00		35 000,00

Eigenkapital

S		H	
EB	83 000,00	AB	83 000,00

Hypothek

S		H	
EB	280 000,00	AB	280 000,00

Darlehen

S		H	
EB	59 000,00	AB	55 000,00
		④	4 000,00
	59 000,00		59 000,00

Verbindlichkeiten

S		H	
③	1 000,00	AB	82 000,00
④	4 000,00	②	2 000,00
EB	79 000,00		
	84 000,00		84 000,00

Schlussbilanz zum 31. Dezember 20.

Aktiva (Ⓘ)		Passiva (Ⓘ Ⓘ)	
Grundstücke	340 000,00	Eigenkapital	83 000,00
Fuhrpark	23 300,00	Hypothek	280 000,00
BGA	55 700,00	Darlehen	59 000,00
Waren	20 400,00	Verbindlichkeiten	79 000,00
Forderungen	5 700,00		
Bank	20 900,00		
Kasse	35 000,00		
	501 000,00		501 000,00

Lösungsschritte

1. Aufstellen der Eröffnungsbilanz aufgrund der Inventarwerte.
2. Eröffnung der Aktiv- und Passivkonten aus der Bilanz, dabei gilt:
   - Aktivkonten haben den AB immer im Soll.
   - Passivkonten haben den AB immer im Haben.
3. Übertragung der Buchungssätze des Grundbuches auf das Hauptbuch (T-Konten).
4. Ermittlung der Salden (Schlussbestände/Endbestände) und Abschluss der Bestandskonten über die Schlussbilanz.

[1] *BGA = Betriebs- und Geschäftsausstattung*

Kernwissen

- Alle Aktiv- und Passivkonten werden über die Schlussbilanz abgeschlossen. Hierbei gilt:
  - Endbestände der Vermögenswerte → Aktivseite der Bilanz
  - Endbestände der Kapitalwerte → Passivseite der Bilanz
- Da bei jedem Geschäftsvorfall der gleiche Betrag im Soll und im Haben gebucht wird, müssen die Summen der Aktiva und Passiva gleich sein.

Übungsaufgaben

1. Anfangsbestände:

Anfangsbestände	€
Betriebs- und Geschäftsausstattung	30 000,00
Bank	8 460,00
Kasse	5 600,00
Waren	32 000,00
Forderungen	3 200,00
Verbindlichkeiten	12 500,00
Darlehensschuld	4 000,00
Eigenkapital	?

Geschäftsvorfälle:

Geschäftsvorfälle	€
1. Ein Kunde zahlt bar	580,00
2. Wareneinkauf auf Ziel	7 500,00
3. Banküberweisung an einen Lieferer	4 900,00
4. Teilrückzahlung einer Darlehensschuld durch Banküberweisung	2 000,00
5. Bareinzahlung auf eigenes Bankkonto	3 500,00

Abschlussangaben:

1. Stellen Sie die Eröffnungsbilanz auf.
2. Eröffnen Sie die einzelnen Konten und tragen Sie die entsprechenden Anfangsbestände ein.
3. Bilden Sie die Buchungssätze und übertragen Sie diese auf die Konten.
4. Schließen Sie die einzelnen Konten über die Schlussbilanz ab.

2. Anfangsbestände:

Anfangsbestände	€
Geschäftsgebäude	520 000,00
Betriebs- und Geschäftsausstattung	125 000,00
Fuhrpark	85 000,00
Waren	275 000,00
Forderungen	62 000,00
Kasse	17 800,00
Bank	43 200,00
Verbindlichkeiten	117 000,00
Hypothekenschulden	320 000,00
Eigenkapital	?

Geschäftsvorfälle:	**€**
1. Ausgleich einer Liefererschuld durch Banküberweisung	22 300,00
2. Kauf einer EDV-Anlage auf Ziel	7 200,00
3. Barkauf von Waren	12 300,00
4. Aufnahme einer Hypothek bei der Volksbank	80 000,00
5. Verkauf eines gebrauchten Pkw gegen Bankscheck	13 400,00
6. Barabhebung von unserem Bankkonto	8 000,00
7. Banküberweisung unseres Kunden	17 200,00

Abschlussangaben:

1. Erstellen Sie die Eröffnungsbilanz.
2. Eröffnen Sie die einzelnen Bestandskonten und tragen Sie die entsprechenden Anfangsbestände vor.
3. Bilden Sie die Buchungssätze und verbuchen Sie diese auf den entsprechenden T-Konten.
4. Schließen Sie die einzelnen Konten über die Schlussbilanz ab.

3.

Anfangsbestände:	**€**
Geschäftsgebäude	485 000,00
Waren	160 000,00
Betriebs- und Geschäftsausstattung	193 000,00
Forderungen	53 500,00
Kasse	12 700,00
Bank	33 500,00
Verbindlichkeiten	92 400,00
Hypothekenschulden	200 000,00
Eigenkapital	?

Geschäftsvorfälle:	
1. Wareneinkauf auf Ziel	17 500,00
2. Ein Kunde begleicht seine Rechnung durch Banküberweisung	6 200,00
3. Teilrückzahlung der Hypothek durch Banküberweisung	25 000,00
4. Banküberweisung an einen Lieferer	5 100,00
5. Bareinzahlung auf unser Bankkonto	8 000,00
6. Barverkauf einer gebrauchten EDV-Anlage	2 500,00
7. Barkauf eines Telefaxgerätes	1 300,00
8. Begleichen der Rechnung eines Lieferers durch Banküberweisung	1 200,00

Abschlussangaben:

1. Erstellen Sie die Eröffnungsbilanz.
2. Eröffnen Sie die einzelnen Bestandskonten und tragen Sie die Anfangsbestände vor.
3. Bilden Sie die Buchungssätze und verbuchen Sie diese auf den entsprechenden Konten.
4. Schließen Sie die einzelnen Konten über die Schlussbilanz ab.

3 Buchen auf Erfolgskonten

Situation

Auf Florians Frage, ob das Unternehmen das vergangene Geschäftsjahr denn nun mit einem Gewinn oder Verlust abgeschlossen habe, antwortet Herr Barth, dass man dazu zunächst neben den Bestandskonten auch noch die Erfolgskonten betrachten müsse.

Handlungsaufträge

1. *Zeigen Sie neben den bereits bekannten Bestandskonten noch weitere Konten auf, die für ein Unternehmen bedeutsam sind.*
2. *Erklären Sie, wie sich diese Konten auf das Eigenkapital des Unternehmens auswirken könnten.*
3. *Unterbreiten Sie einen Vorschlag, wie sich der Erfolg eines Unternehmens ermitteln ließe.*

3.1 Aufwands- und Ertragskonten

Bei unseren bisherigen Betrachtungen veränderten wir lediglich Bestände innerhalb der Bilanz; das Eigenkapital haben wir stillschweigend davon ausgenommen, d. h., die gebuchten Geschäftsvorfälle hatten keinen Einfluss auf den Erfolg (Gewinn oder Verlust) des Unternehmens – sie waren **erfolgsneutral**.

Merke

*Geschäftsvorfälle, die das Eigenkapital nicht verändern, nennt man **erfolgsneutral**.*

Jeder Kaufmann ist allerdings bestrebt, sein eingesetztes Kapital zu vermehren, indem er Gewinne erwirtschaftet. Gleichwohl setzt er sich durch seine unternehmerische Tätigkeit immer dem Risiko aus, dass er Verluste erzielt und sich dadurch sein Eigenkapital vermindert.

Merke

*Geschäftsvorfälle, die das Eigenkapital verändern, nennt man **erfolgswirksam**.*

Aufwandskonten – Minderungen des Eigenkapitals

Ausgaben für den Gebrauch und Verbrauch von Gütern und Leistungen, wie z. B. Miete, Löhne und Gehälter, verändern das Eigenkapital der Unternehmung, da diese Vorgänge einerseits das Vermögen (Geld, Maschinen usw.) betreffen, andererseits jedoch kein entsprechender Vermögenszuwachs oder Schuldennachlass auftritt. Man bezeichnet solche Ausgaben als **Aufwendungen**. Sie **vermindern** das Eigenkapital.

Merke

Unter Aufwendungen versteht man den gesamten Werteverzehr einer Unternehmung während einer Rechnungsperiode.
*Aufwendungen **vermindern** das Eigenkapital.*

Zu den Aufwendungen zählen u. a.:

a) Personalkosten
   - Löhne
   - Gehälter
   - gesetzliche und freiwillige Leistungen

b) Raumkosten
   - Miete
   - Wasser
   - Strom
   - Heizung

c) Abschreibungen (Wertminderungen des Anlagevermögens)

d) Steuern

e) Werbekosten

f) Allgemeine Verwaltungskosten

Ertragskonten – Mehrungen des Eigenkapitals

Einnahmen, die ein Unternehmen erzielt, wenn es anderen Güter oder Leistungen zum Gebrauch zur Verfügung stellt, bezeichnet man als **Erträge**. Sie **erhöhen** das Eigenkapital.

Merke

Unter Erträgen versteht man alle Wertezuwächse einer Unternehmung während einer Rechnungsperiode.

*Erträge **vermehren** das Eigenkapital.*

Zu den Erträgen zählen u. a.:

a) Umsatzerlöse (Verkaufserlöse)

b) Zinserträge

c) Mieterträge (Mieteinnahmen)

d) Provisionserträge

Kernwissen

- Geschäftsvorfälle, die das Eigenkapital
  - verändern → nennt man → erfolgswirksam
  - nicht verändern → nennt man → erfolgsneutral
- 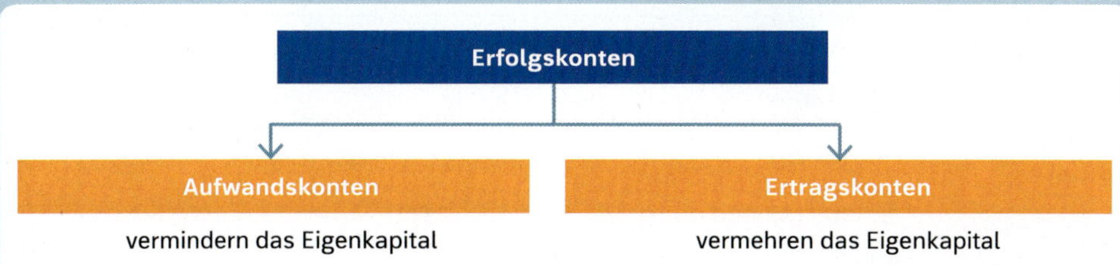

- Aufwands- und Ertragskonten weisen keine Bestände auf.

3.2 Erfolgskonten als Unterkonten des Kapitalkontos

Wie bereits dargestellt verändern die Aufwendungen und Erträge das Kapitalkonto unmittelbar und müssten demzufolge auf dem Konto „Eigenkapital" verbucht werden. Aus Gründen der Klarheit und Übersichtlichkeit ist es jedoch notwendig, für die einzelnen Aufwands- und Ertragsarten eigenständige Konten zu führen. Diese Konten nennt man **Erfolgskonten**. Sie sind als Unterkonten des Eigenkapitalkontos anzusehen.

Merke

1. *Erfolgskonten sind Unterkonten des Kontos Eigenkapital; d. h., für sie gelten dieselben Regeln wie für das Eigenkapitalkonto:*
   Minderungen = Aufwendungen
   Mehrungen = Erträge
2. *Aufwendungen stehen immer im Soll.*
3. *Erträge stehen immer im Haben.*

Anhand zweier Musteraufgaben wird die Verbuchung von Aufwendungen und Erträgen dargestellt:

Musteraufgabe 1

Durch eine Banküberweisung werden 3 600,00 € Miete für Geschäftsräume sowie 400,00 € für Energiekosten beglichen.

Musterlösung 1

Buchungssatz:

Mietaufwand	3 600,00	
Energiekosten	400,00	
an Bank		4 000,00

a) **Verbuchung im Grundbuch:**

Grundbuch			
Datum	Buchungssatz	Soll	Haben
27. November ..	Mietaufwand Energiekosten an Bank	3 600,00 400,00	 4 000,00

b) **Verbuchung im Hauptbuch:**

Hauptbuch

S	Mietaufwand	H
Bank 3 600,00		

S	Energiekosten	H
Bank 400,00		

S	Bank	H
		Mietaufwand 3 600,00
		Energiekosten 400,00

Musteraufgabe 2

Die Bank schreibt 450,00 € Zinsen sowie 4 700,00 € Provisionserträge gut.

Musterlösung 2

Buchungssatz:

Bank		5 150,00	
an	Zinserträge		450,00
	Provisionserträge		4 700,00

a) **Verbuchung im Grundbuch:**

Grundbuch			
Datum	Buchungssatz	Soll	Haben
15. Januar 20..	Bank an Zinserträge Provisionserträge	5 150,00	 450,00 4 700,00

Hinweis: Im weiteren Verlauf wird bei den Musterlösungen auf eine gesonderte Darstellung der Verbuchung im Grundbuch verzichtet.

b) **Verbuchung im Hauptbuch:**

Hauptbuch

S	Bank		H
Zins-/Provisionserträge	5 150,00		

S	Zinserträge		H
		Bank	450,00

S	Provisionserträge		H
		Bank	4 700,00

Lösungsschritte

(bezogen auf die Musterlösung 1 und 2)

1. Welche Konten werden berührt:
   a) Erfolgskonten oder
   b) Bestandskonten?
2. Überlegung:
   a) Aufwands- oder Ertragskonto?
   - Aufwandskonto **immer** im Soll
   - Ertragskonto **immer** im Haben

   b) Aktiv- oder Passivkonto?
   Aktivkonto:
   - Zunahme **immer** im Soll
   - Abnahme **immer** im Haben

   Passivkonto:
   - Zunahme **immer** im Haben
   - Abnahme **immer** im Soll
3. Zunächst das Konto verbuchen, das eindeutig bestimmt werden konnte. Das Gegenkonto muss entsprechend dem System der doppelten Buchführung auf der entgegengesetzten Kontoseite verbucht werden.

Kernwissen

- Erfolgskonten sind Unterkonten des Kontos Eigenkapital, d. h., für sie gelten dieselben Regeln:
  Aufwendungen = Minderungen des Eigenkapitals → SOLL
  Erträge = Mehrungen des Eigenkapitals → HABEN
- Schematische Darstellung:

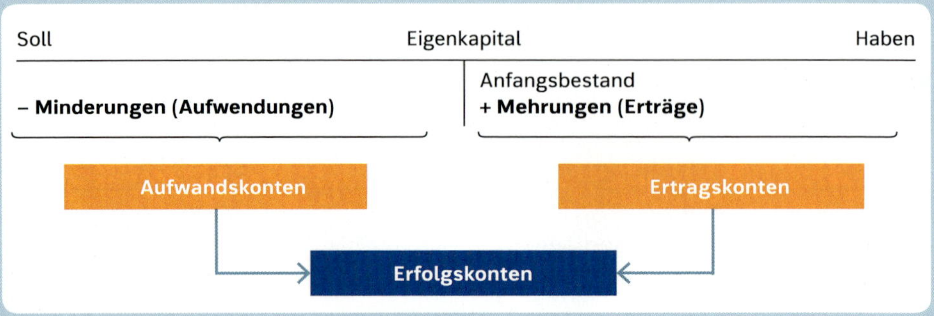

Übungsaufgabe

1. Bilden Sie zu den folgenden Geschäftsvorfällen die Buchungssätze.

		€
1.	Kauf eines PC gegen Barzahlung	4500,00
2.	Aufnahme eines Darlehens bei der Bank	20000,00
3.	Zinsgutschrift unserer Bank	450,00
4.	Gehaltszahlungen bar	12480,00
5.	Begleichen einer Steuerschuld durch Banküberweisung	4900,00
6.	Verkauf eines gebrauchten Pkw auf Ziel	22350,00
7.	Begleichen einer Rechnung des Lieferanten durch Bankscheck	2840,00
8.	Wir erhalten Miete bar	2900,00
9.	Ein Kunde zahlt durch Banküberweisung	6700,00
10.	Sofortige Begleichung der Telefonrechnung durch Bankscheck	360,00
11.	Zahlung von Darlehenszinsen durch Banküberweisung	1800,00
12.	Bareinzahlung auf unser Bankkonto	9000,00

3.3 Abschluss der Erfolgskonten

Am Jahresende gilt es, die Erfolgskonten abzuschließen. Dazu werden sämtliche Aufwendungen und Erträge gesammelt und einander gegenübergestellt. Aus dieser Gegenüberstellung wird der Gewinn bzw. Verlust des Unternehmens ermittelt. Das Konto, auf dem diese Gegenüberstellung vorgenommen wird, nennt man

Gewinn- und Verlustkonto (GuV-Konto).

Merke

Die Gewinn- und Verlustrechnung (GuV) ist neben der Bilanz und dem Anhang Bestandteil des Jahresabschlusses. In der GuV werden die im Geschäftsjahr erzielten Erträge den entsprechenden Aufwendungen gegenübergestellt. Als Resultat ergibt sich der Jahreserfolg (Gewinn oder Verlust) des Unternehmens.

Die **Abschlussbuchungen** dazu lauten:

a) für die Aufwandskonten:

GuV
an Aufwandskonten

b) für die Ertragskonten:

Ertragskonten
an GuV

Der ermittelte Reingewinn/Reinverlust wird anschließend über das Eigenkapitalkonto verbucht. Somit dient das GuV-Konto letztlich als Unterkonto für das Konto Eigenkapital.

Die entsprechende **Abschlussbuchung** lautet:

a) bei Gewinn:

GuV
an Eigenkapital

b) bei Verlust:

Eigenkapital
an GuV

Schematische Darstellung des Abschlusses der Erfolgskonten

1. bei einer Gewinnsituation

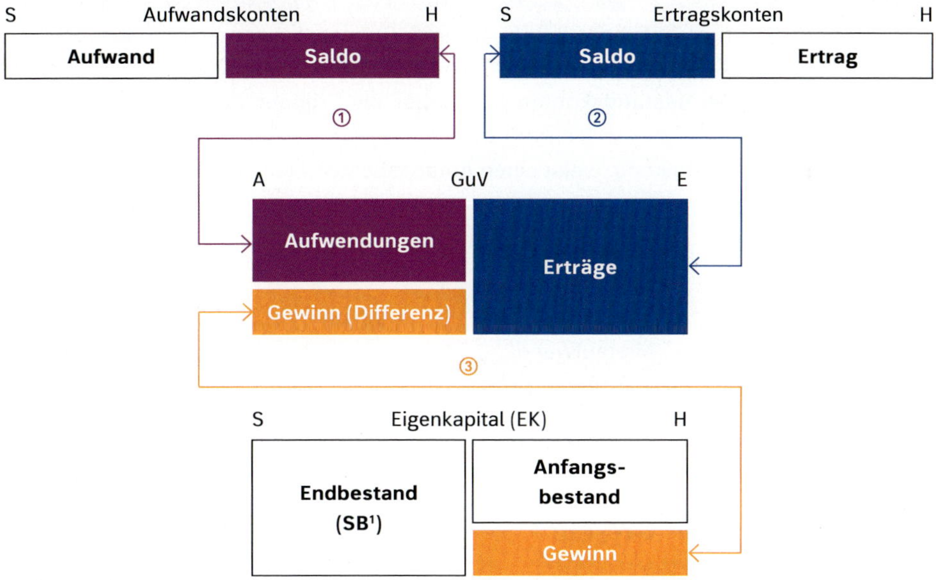

Buchungssätze:
① GuV an Aufwandskonten
② Ertragskonten an GuV
③ GuV an Eigenkapital

[1] SB = Schlussbilanz

2. bei einer Verlustsituation

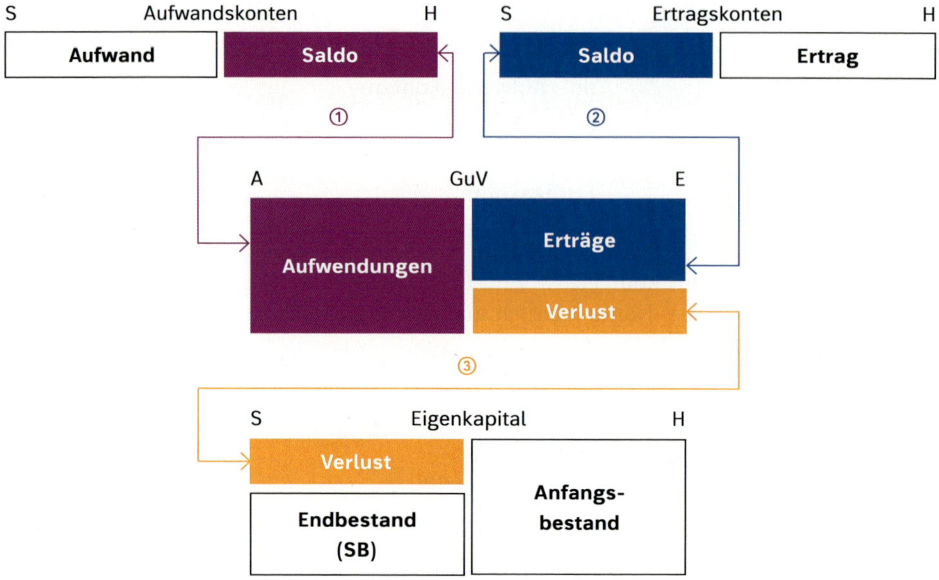

Buchungssätze:
① GuV an Aufwandskonten
② Ertragskonten an GuV
③ Eigenkapital an GuV

Musteraufgabe

Anhand der bereits unter Abschnitt 3.2 (S. 48 und 49) besprochenen Geschäftsvorfälle soll nachfolgend das GuV-Konto erstellt und über das Eigenkapitalkonto abgeschlossen werden.

Auf eine Darstellung der Bestandskonten wird dabei aus Gründen der Übersichtlichkeit verzichtet.

Annahme: Das Eigenkapitalkonto weist einen Anfangsbestand von 83 000,00 € auf.

Musterlösung

a) **Buchungssätze:**

1.	GuV	3 600,00	
	an Mietaufwand		3 600,00
2.	GuV	400,00	
	an Energiekosten		400,00
3.	Zinserträge	450,00	
	an GuV		450,00
4.	Provisionserträge	4 700,00	
	an GuV		4 700,00
5.	GuV (Gewinn)	1 150,00	
	an Eigenkapital		1 150,00

b) **Abschluss der Erfolgskonten auf T-Konten:**

S	Mietaufwand		H
Bank	3 600,00	① GuV	3 600,00

S	Zinserträge		H
③ GuV	450,00	Bank	450,00

S	Energiekosten		H
Bank	400,00	② GuV	400,00

S	Provisionserträge		H
④ GuV	4 700,00	Bank	4 700,00

A	GuV		E
① Mietaufwand	3 600,00	③ Zinserträge	450,00
② Energiekosten	400,00	④ Provisionserträge	4 700,00
⑤ Gewinn (EK)	1 150,00		
	5 150,00		5 150,00

S	Eigenkapital		H
EB (SB)	84 150,00	AB	83 000,00
		⑤ Gewinn (GuV)	1 150,00
	84 150,00		84 150,00

Lösungsschritte

1. Abschluss der Aufwandskonten über das GuV-Konto.
   Hier: 1. GuV an Mietaufwand
   2. GuV an Energiekosten
2. Abschluss der Ertragskonten über das GuV-Konto.
   Hier: 3. Zinserträge an GuV
   4. Provisionserträge an GuV
3. Ermittlung des Erfolgs und Verbuchung über das Konto Eigenkapital.
   Hier: 5. GuV (Gewinn) an Eigenkapital

Kernwissen

- Der Abschluss der Erfolgskonten erfolgt über das Gewinn- und Verlustkonto (GuV).
- Der Saldo (Gewinn oder Verlust) wird auf das Eigenkapitalkonto übertragen, wobei gilt:
  Gewinn (Erträge > Aufwendungen) → Eigenkapitalmehrung
  Verlust (Erträge < Aufwendungen) → Eigenkapitalminderung

Übungsaufgaben

1. **Entscheiden Sie bei den folgenden Konten, ob sie über die GuV-Rechnung oder die Schlussbilanz abgeschlossen werden.**

- Bank
- Mieterträge
- Waren
- Steuern
- Darlehen
- Eigenkapital
- unbebaute Grundstücke
- Maschinen
- Forderungen
- Verbindlichkeiten
- Löhne
- Mietaufwand
- Energiekosten
- Kasse
- Werbeaufwand
- Provisionserträge

2. **Bilden Sie zu nachfolgenden Geschäftsvorfällen die entsprechenden Buchungssätze.**

		€
1.	Wir erhalten Mietzahlungen bar	4800,00
2.	Bezahlung von Darlehenszinsen durch Banküberweisung	1800,00
3.	Gehaltszahlungen bar	3950,00
4.	Provisionserträge werden dem Bankkonto gutgeschrieben	750,00
5.	Banküberweisung der Telefongebühren	375,00

3. **Verbuchen Sie nachfolgende Geschäftsvorfälle im Grundbuch.**

		€
1.	Barkauf von Kopierpapier	450,00
2.	Warenverkauf auf Ziel	2300,00
3.	Kauf eines neuen Kopiergerätes auf Ziel	1800,00
4.	Banküberweisung unserer Stromkosten	580,00
5.	Ein Kunde zahlt mit Verrechnungsscheck	880,00
6.	Zinsgutschrift unserer Bank	2100,00
7.	Lohnzahlungen bar	2950,00
8.	Mietzahlung durch Banküberweisung	3200,00
9.	Wareneinkauf auf Ziel	5200,00
10.	Begleichung einer Liefererrechnung durch Banküberweisung	1900,00
11.	Die Bank belastet uns mit Darlehenszinsen in Höhe von	1400,00
12.	Banküberweisung der Kfz-Steuer	770,00

4. **Bilden Sie die Geschäftsvorfälle, die folgenden Buchungssätzen zugrunde liegen.**

Nr.	Konten	Soll	Haben
1	Kfz.Steuer an Bank	3500,00	 3500,00
2.	Versicherungsbeiträge an Bank	2500,00	 2500,00
3.	Bank an Zinserträge Provisionserträge	3200,00	 700,00 2500,00
4.	Unbebaute Grundstücke an Hypothekendarlehen Bank Ziel	85000,00	 40000,00 35000,00 10000,00

Nr.	Konten	Soll	Haben
5.	Forderungen an Waren	4 000,00	 4 000,00
6.	Verbindlichkeiten an Bank	8 000,00	 8 000,00

5. ***Sie sind zur Zeit in der Buchhaltung des Mannheimer Lagerhalters Lagerfix GmbH beschäftigt und erhalten folgende Arbeitsaufträge:***

1. Bilden Sie die Buchungssätze zu nachfolgendem Kontoauszug:

Kontoauszug Volksbank Mannheim BIC: GENODE61MA2

IBAN DE53 6709 0000 1901 1954 51 — Auszugsnummer 8

Nr.	Buch.tag	Buchungsvorgang	Lastschriften in €	Gutschriften in €
1.	15.01.20..	Bareinzahlung		3 600,00
2.	28.01.20..	Dauerauftrag Lagermiete	2 800,00	
3.	29.01.20..	Eingangsrechnung ER 6	400,00	
4.	30.01.20..	Zinsgutschrift		300,00

Lagerfix GmbH
B 7, 19
68163 Mannheim

Alter Kontostand: 18 500,00
Neuer Kontostand: 19 400,00

Kontoauszug vom 02.02.12..

2. Vervollständigen und verbuchen Sie nebenstehende Eingangsrechnung!

3. Buchen Sie die Begleichung der Rechnung unter Beachtung des Buchungsvermerks

Ausanio GmbH
Büromöbelhaus

Rheinstr. 177
44135 Dortmund
Telefon: 02306 – 37 56 33
Telefax: 02306 – 37 56 44
E-Mail: t.ausanio@GTA.com

Ausanio GmbH, Rheinstr. 177, 44135 Dortmund

Lagerfix GmbH
B 7,19
68161 Mannheim

Datum: 18.01. ..
Projekt: 00 – 00248

Rechnung 00 – 00248

Wir bedanken uns für Ihren Auftrag vom 02.01. .. und berechnen wie folgt:

Menge	Bezeichnung	Einzelpreis in €	Gesamtpreis in €
2	Stahlvitrinen	1 600,00	?
Rechnungsbetrag			?

Zahlungsziel: 30 Tage rein netto

Mit freundlichen Grüßen

Ausanio GmbH, Büromöbelhaus

Buchungsvermerk
Rechnung wurde am 18.02. ..
durch Volksbank überwiesen

4 Der Abschluss der Bestands- und Erfolgskonten

Situation

Im Betriebsunterricht erhält Florian die Aufgabe, auf Grundlage vereinfachter Daten für die Spedition und Lagerei Emil Neumann AG einen kompletten Abschluss zu erstellen.

Handlungsauftrag

Unterbreiten Sie einen Vorschlag, wie man einen derartigen Abschluss am sinnvollsten erstellt.

Das folgende Beispiel beschreibt den Abschluss der Bestands- und Erfolgskonten.

Musteraufgabe

Ausgangspunkt der folgenden Aufgabe ist die unten angeführte Bilanz.

A	Schlussbilanz 31. Dezember 20..		P
Fuhrpark	50000,00	Eigenkapital	70000,00
BGA	70000,00	Darlehen	60000,00
Bank	30000,00	Verbindlichkeiten	20000,00
	150000,00		150000,00
31.12.20..			*Marcel Barth*

Kontenplan: Neben der Eröffnungs- und Schlussbilanz werden noch folgende Konten benötigt:
Bestandskonten: Fuhrpark, BGA, Bank, Eigenkapital, Darlehen, Verbindlichkeiten
Erfolgskonten: Mietaufwand, Energiekosten, Zinserträge, Provisionserträge

Der Kontenplan enthält diejenigen Konten, die für die Verbuchung der nachfolgenden Geschäftsvorfälle benötigt werden.

Geschäftsvorfälle:	€
1. Verkauf eines Pkw gegen Bankscheck	15000,00
2. Die Bank schreibt Zinsen	450,00
sowie Provisionserträge in Höhe von	4700,00
gut	
3. Begleichen eines Teils der Verbindlichkeiten durch Bankscheck	10000,00
4. Kauf einer EDV-Anlage auf Ziel	7000,00
5. Wir bezahlen unsere Miete über	3600,00
sowie Energiekosten in Höhe von	400,00
durch Banküberweisung	

Musterlösung

a) **Buchungssätze:**

1.	Bank	15000,00	
	an Fuhrpark		15000,00
2.	Bank	5150,00	
	an Zinserträge		450,00
	Provisionserträge		4700,00
3.	Verbindlichkeiten	10000,00	
	an Bank		10000,00
4.	BGA	7000,00	
	an Verbindlichkeiten		7000,00
5.	Mietaufwand	3600,00	
	Energiekosten	400,00	
	an Bank		4000,00

Abschlussbuchungen:

I.	GuV
	an Aufwandskonten
II.	Ertragskonten
	an GuV
III.	GuV (Gewinn)
	an Eigenkapital
IV.	Schlussbilanz
	an Aktivkonten
V.	Passivkonten
	an Schlussbilanz

b) **Abschluss der Bestands- und Erfolgskonten auf T-Konten (im Hauptbuch):**

Eröffnungsbilanz 1. Januar 20..

Aktiva		Passiva	
Fuhrpark	50 000,00	Eigenkapital	70 000,00
BGA	70 000,00	Darlehen	60 000,00
Bank	30 000,00	Verbindlichkeiten	20 000,00
	150 000,00		150 000,00

Fuhrpark

S			H
AB	50 000,00	①	15 000,00
		EB	35 000,00
	50 000,00		50 000,00

Eigenkapital

S			H
EB	71 150,00	AB	70 000,00
		Ⓘⓘⓘ Gewinn	1 150,00
	71 150,00		71 150,00

BGA

S			H
AB	70 000,00	EB	77 000,00
④	7 000,00		
	77 000,00		77 000,00

Darlehen

S			H
EB	60 000,00	AB	60 000,00

Bank

S			H
AB	30 000,00	③	10 000,00
①	15 000,00	⑤	4 000,00
②	5 150,00	EB	36 150,00
	50 150,00		50 150,00

Verbindlichkeiten

S			H
③	10 000,00	AB	20 000,00
EB	17 000,00	④	7 000,00
	27 000,00		27 000,00

Mietaufwand

S			H
⑤	3 600,00	GuV	3 600,00

Zinserträge

S			H
GuV	450,00	②	450,00

Energiekosten

S			H
⑤	400,00	GuV	400,00

Provisionserträge

S			H
GuV	4 700,00	②	4 700,00

Ⓘ Ⓘⓘ

GuV

Aufwand		Ertrag	
Mietaufwand	3 600,00	Zinserträge	450,00
Energiekosten	400,00	Provisionserträge	4 700,00
Ⓘⓘⓘ Gewinn (EK)	1 150,00		
	5 150,00		5 150,00

Ⓘⓥ Ⓥ

Schlussbilanz 31. Dezember 20..

Aktiva		Passiva	
Fuhrpark	35 000,00	Eigenkapital	71 150,00
BGA	77 000,00	Darlehen	60 000,00
Bank	36 150,00	Verbindlichkeiten	17 000,00
	148 150,00		148 150,00

Lösungsschritte

1. Verbuchung der Geschäftsvorfälle im Grundbuch.
2. Erstellung der Eröffnungsbilanz aufgrund der Schlussbilanz des Vorjahres.
3. Eröffnung der Bestandskonten (Aktiv- und Passivkonten) aus der Bilanz.
4. Einrichtung der erforderlichen Erfolgskonten.
5. Übertragung der Buchungssätze des Grundbuches auf das Hauptbuch.
6. Abschluss der Erfolgskonten (Aufwands- und Ertragskonten) über das GuV-Konto.
7. Abschluss des GuV-Kontos über das Konto Eigenkapital.
8. Abschluss der Bestandskonten über die Schlussbilanz.

Kernwissen

- Man unterscheidet in der Buchführung grundsätzlich zwischen Bestandskonten und Erfolgskonten:
  - Bestandskonten → Abschluss über die **Schlussbilanz**
  - Erfolgskonten → Abschluss über die **Gewinn- und Verlustrechnung**
- Das Konto Eigenkapital dient als Bindeglied zwischen beiden Kontenkreisen, da der Erfolg des Unternehmens über das Konto Eigenkapital verbucht wird;
- daraus ergeben sich zwei Möglichkeiten, den Erfolg eines Unternehmens zu ermitteln:
  - durch einen Vergleich des Eigenkapitals,
  - durch die Erfolgsermittlung auf dem GuV-Konto.

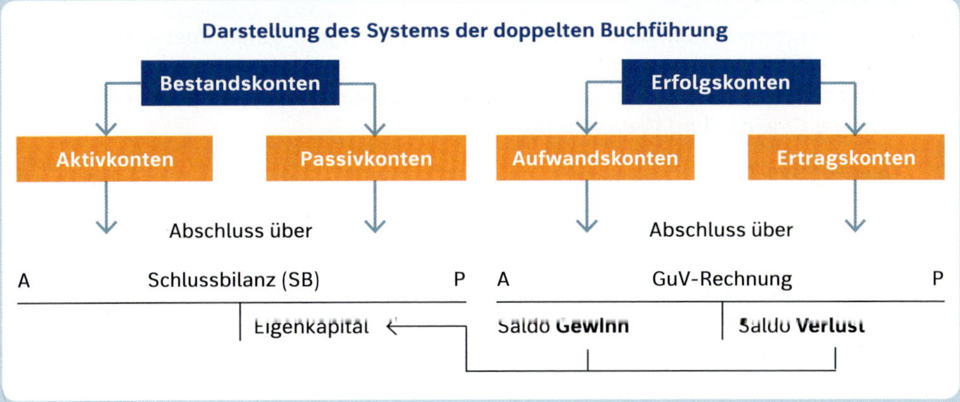

Übungsaufgaben

1. ***Anfangsbestände:***

	€		€
BGA	*20 000,00*	*Eigenkapital*	*?*
Waren	*30 000,00*	*Darlehen*	*35 000,00*
Forderungen	*15 000,00*	*Verbindlichkeiten*	*18 000,00*
Bank	*8 000,00*		
Kasse	*7 000,00*		

Kontenplan: *Neben der Eröffnungs- und Schlussbilanz werden noch folgende Konten benötigt:*
Bestandskonten: *BGA, Waren, Forderungen, Bank, Kasse, Eigenkapital, Darlehen, Verbindlichkeiten*
Erfolgskonten: *Mietaufwand, Löhne, Provisionserträge, Gewinn- und Verlustkonto*

Geschäftsvorfälle:	€
1. Wareneinkauf auf Ziel	5000,00
2. Barzahlung der Geschäftsmiete	3500,00
3. Ein Kunde begleicht seine Rechnung durch Banküberweisung	2800,00
4. Wir erhalten Provisionen durch Banküberweisung	8700,00
5. Lohnzahlungen bar	3000,00

Abschlusshinweise:
1. *Bilden Sie die Buchungssätze im Grundbuch.*
2. *Erstellen Sie die Eröffnungsbilanz sowie die einzelnen Konten und verbuchen Sie die Buchungssätze auf T-Konten.*
3. *Ermitteln Sie den Gewinn und erstellen Sie die Schlussbilanz.*

2.

Anfangsbestände:	€		€
Fuhrpark	135000,00	Eigenkapital	?
BGA	75000,00	Darlehen	100000,00
Waren	80000,00	Verbindlichkeiten	35000,00
Forderungen	20000,00		
Bank	60000,00		
Kasse	12000,00		

Kontenplan: *Neben der Eröffnungs- und Schlussbilanz werden noch folgende Konten benötigt:*
Bestandskonten: *Fuhrpark, BGA, Waren, Forderungen, Bank, Kasse, Darlehen, Verbindlichkeiten, Eigenkapital*
Erfolgskonten: *sonstige Aufwendungen für Kommunikation, Löhne, Zinserträge, Mieterträge, Gewinn- und Verlustkonto*

Geschäftsvorfälle:	€
1. Kauf eines Pkw	
gegen: – Barzahlung	5000,00
– Ziel	40000,00
2. Begleichung einer Liefererrechnung durch Banküberweisung	6500,00
3. Zinsgutschrift auf unserem Bankkonto	2800,00
4. Wareneinkauf gegen Bankscheck	6700,00
5. Mieteinnahmen bar	7900,00
6. Kauf einer EDV-Anlage bar	6000,00
7. Bezahlung unserer Telefonrechnung durch Banküberweisung	380,00
8. Lohnzahlungen durch Banküberweisung	8900,00

Abschlusshinweise:
1. *Bilden Sie die Buchungssätze.*
2. *Erstellen Sie die Eröffnungsbilanz sowie die einzelnen Konten des Hauptbuches und verbuchen Sie die Buchungssätze auf den T-Konten.*
3. *Ermitteln Sie den Gewinn und erstellen Sie die Schlussbilanz.*

3. *Aus der Bilanz des vorangegangenen Geschäftsjahres stehen folgende Anfangsbestände für das neue Geschäftsjahr zur Verfügung:*

Aktiva	Schlussbestand 31.12.20..		Passiva
BGA	125000,00	Eigenkapital	140000,00
Bank	60000,00	Darlehen	45000,00
Kasse	13000,00	Verbindlichkeiten	13000,00
	198000,00		198000,00

Kontenplan: Neben der Eröffnungs- und Schlussbilanz werden noch folgende Konten benötigt:
Bestandskonten: BGA, Bank, Kasse, Darlehen, Verbindlichkeiten, Eigenkapital
Erfolgskonten: Zinsaufwand, Gehälter, Mieterträge, Provisionserträge, Gewinn- und Verlustkonto

Geschäftsvorfälle:	***€***
1. Barkauf einer EDV-Anlage	***5800,00***
2. Wir erhalten Miete bar	***2950,00***
3. Zahlung von Darlehenszinsen durch Banküberweisung	***2300,00***
4. Gehaltszahlung bar	***4800,00***
5. Begleichen einer Liefererrechnung durch Bankscheck	***2500,00***
6. Wir erhalten Provisionen durch Banküberweisung	***5200,00***

Abschlusshinweise:

1. ***Bilden Sie die einzelnen Buchungssätze.***
2. ***Erstellen Sie die Eröffnungsbilanz.***
3. ***Eröffnen Sie die einzelnen Konten und verbuchen Sie die Geschäftsvorfälle auf den T-Konten.***
4. ***Schließen Sie die Erfolgskonten über die GuV-Rechnung ab.***
5. ***Ermitteln Sie das neue Eigenkapital.***
6. ***Erstellen Sie die Schlussbilanz am Jahresende.***

5 Warenkonten

LOP

Situation

*Rico Spinelli, ein befreundeteter Auszubildender bei der Sanitärgroßhandlung Karin Mühlburger KG, erzählt Florian, dass zum einen der **Wareneinkauf** und der **Warenverkauf** nach Aussage seiner Chefin nicht auf einem gemeinsamen Konto „Waren“ verbucht werden darf, zum anderen würde der Wareneingang je nach zugrunde liegender Verbuchungsmethode entweder direkt auf das Bestandskonto „Waren“ oder aber sofort auf das Erfolgskonto „Aufwendungen für Waren“ verbucht.*

Handlungsaufträge

1. *Erläutern Sie, warum der Warenein- und -verkauf nicht auf einem gemeinsamen Konto „Waren“ verbucht werden sollte und die Chefin von Rico wohl recht hat.*
2. *Erklären Sie, wann die beiden unterschiedlichen Buchungsmethoden beim Wareneinkauf angewandt werden.*
3. *Stellen Sie den Warenabschluss anhand der bestandsorientierten Methode dar.*

5.1 Die Trennung der Warenkonten

Bei unseren bisherigen Ausführungen wurde das Warenkonto als reines Bestandskonto betrachtet, d. h. wir unterstellten, dass die zu Einstandspreisen (ESP) eingekauften Waren auch wieder zu demselben Preis verkauft würden, sodass durch die Verkaufstätigkeit weder Gewinn noch Verlust entstehen konnte.

Hauptaufgabe des Handels ist es jedoch, Waren günstig einzukaufen und teurer wieder zu verkaufen, um dadurch Gewinne zu erzielen.

Diesen Gewinn, der sich aufgrund der Verkaufstätigkeit ergibt, bezeichnet man als Rohgewinn.

Merke

Verkaufspreis
– Einstandspreis
= Rohgewinn

Addiert man zum **Rohgewinn** die sonstigen Erträge, wie z. B. Zinserträge, Provisionserträge usw., und subtrahiert die übrigen Aufwendungen, wie etwa Gehälter, Miete usw., so bekommt man den **Reingewinn** des Unternehmens.

Merke

Rohgewinn
+ sonstige Erträge
– sonstige Aufwendungen
= Reingewinn

Der bereits in der Einführung dargestellte Grundsatz der Klarheit und Übersichtlichkeit der Buchführung verbietet jedoch, dass ein Konto sowohl den Bestand (Bestandskonto) als auch den Erfolg (Erfolgskonto) eines Unternehmens ausweist. Um ein solchermaßen gemischtes Konto zu vermeiden, ergibt sich die Notwendigkeit, die Warenbewegungen wie folgt zu untergliedern:

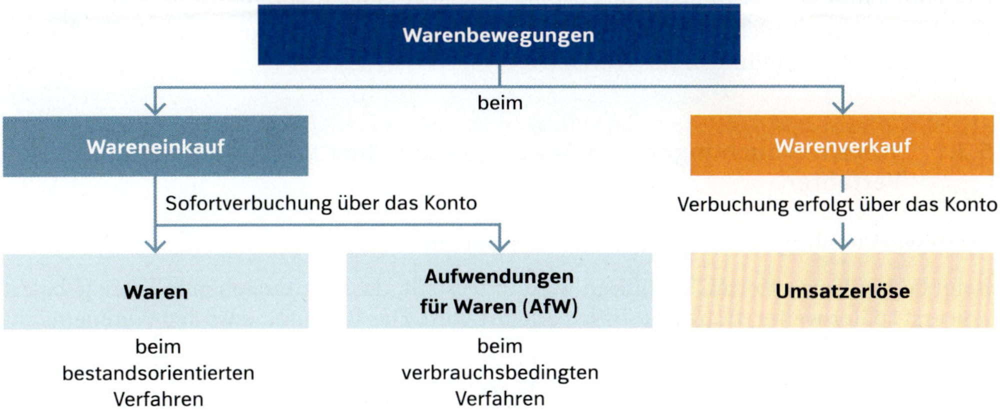

5.2 Buchungen beim Warenverkauf

Unabhängig vom zugrunde liegenden Buchungsverfahren beim Wareneinkauf erfolgt die Verbuchung des Warenverkaufs immer über das Ertragskonto

„Umsatzerlöse“

im Haben.

a) **Vorgehensweise beim Warenverkauf**
Beim Konto „Umsatzerlöse“ handelt es sich um ein Ertragskonto, bei dem die Warenverkäufe sofort im Haben verbucht werden.

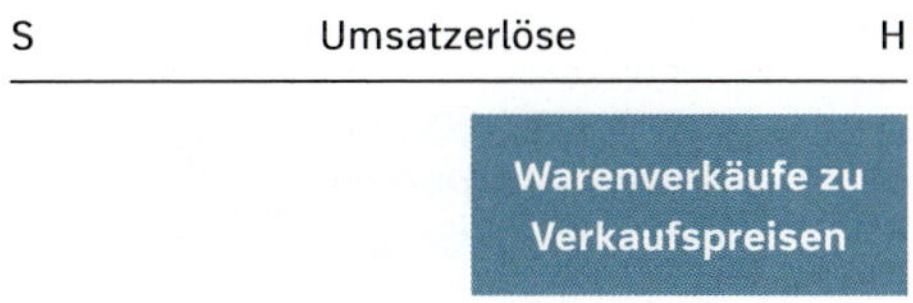

Buchungssatz

Kasse/Bank/Forderungen
an Umsatzerlöse

b) **Vorgehensweise beim Abschluss**
Am Jahresende wird der Saldo des Kontos „Umsatzerlöse“ über das GuV-Konto abgeschlossen.

Buchungssatz

Umsatzerlöse
an Gewinn- und Verlustrechnung

Kernwissen

- Die Warenverkäufe werden grundsätzlich auf das Ertragskonto

  Umsatzerlöse

  gebucht.
- Am Jahresende werden die Umsatzerlöse über die GuV abgeschlossen.

5.3 Buchungen beim Wareneinkauf

Die Verbuchung des Wareneinkaufs erfolgt zunächst je nach der zugrunde liegenden bestands- oder verbrauchsbedingten Methode entweder auf dem Konto „Waren“ oder auf dem Konto „Aufwendungen für Waren (AfW)“.

5.3.1 Warenverbuchungen und Abschluss beim bestandsorientierten Verfahren

Warenverbuchungen beim bestandsorientierten Verfahren

Beim bestandsorientierten Verfahren wird unterstellt, dass die eingehende Ware gelagert und erst später weiterverarbeitet bzw. verkauft wird. Das bedeutet, dass der Wareneinkauf unmittelbar auf dem Bestandskonto

„Waren“

als Zugang im Soll verbucht und erst am Ende des Abrechnungszeitraums über das Konto

„Aufwendungen für Waren“

abgeschlossen wird.

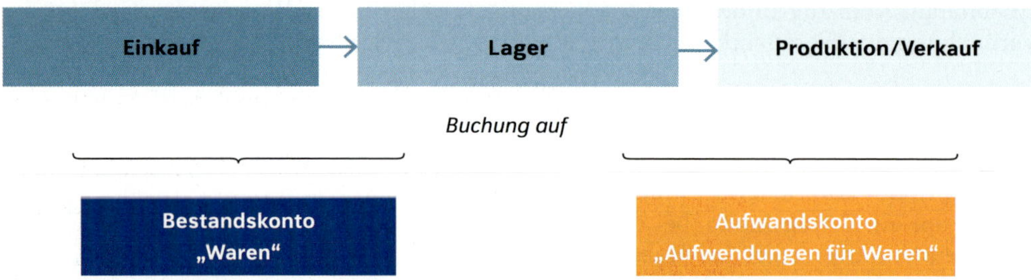

a) **Vorgehensweise beim Wareneingang**
Beim Konto „Waren“ handelt es sich um das bisher betrachtete Bestandskonto „Waren“, das im Soll neben dem Anfangsbestand noch die Zugänge aufnimmt.

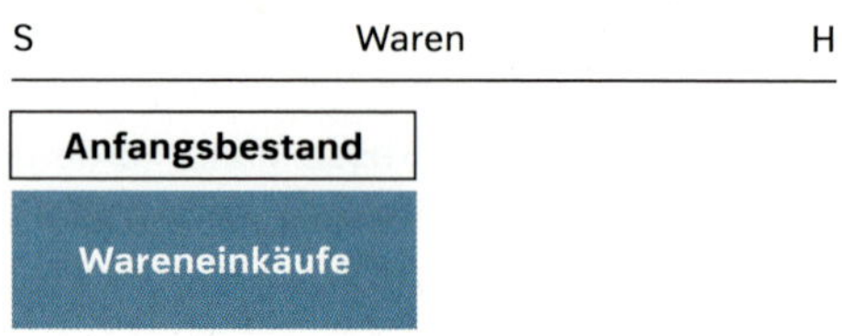

Buchungssatz

Waren
an Kasse/Bank/Verbindlichkeiten

b) **Vorgehensweise beim Warenabschluss**
Am Jahresende wird der End- bzw. Schlussbestand laut Inventur aus der Schlussbilanz übernommen und im „Haben“ des Warenkontos gegengebucht.

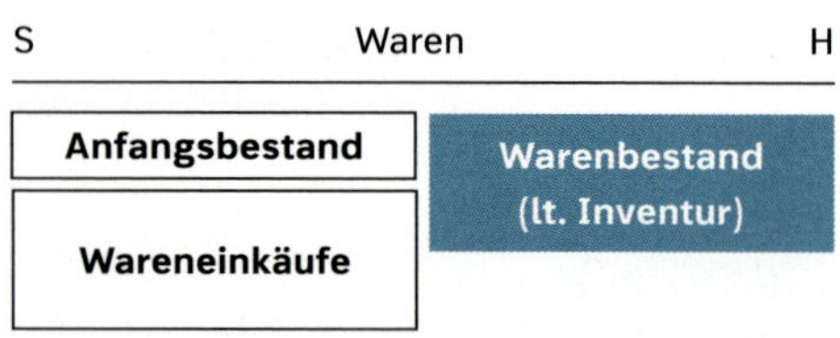

Buchungssatz

Schlussbilanz
an Waren

Als Ausgleichsposition (Saldo) ergibt sich der Wareneinkauf zu Einstandspreisen, der auf dem Konto „Aufwendungen für Waren" verbucht wird.

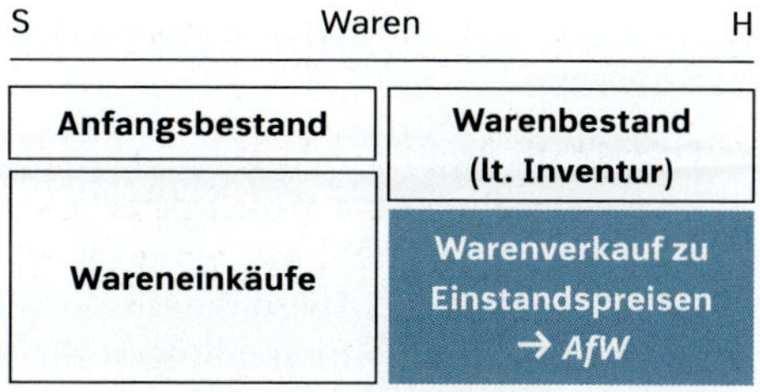

Buchungssatz

Aufwendungen für Waren (AfW)
an Waren

Das Aufwandskonto „Aufwendungen für Waren" (AfW) wird letztlich über das Gewinn- und Verlustkonto abgeschlossen.

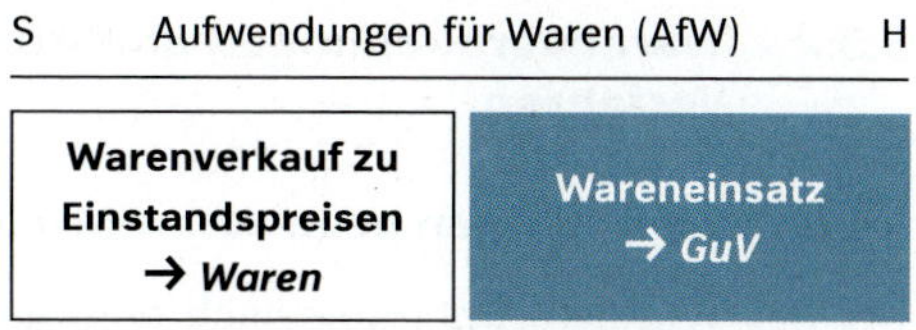

Buchungssatz

Gewinn- und Verlustrechnung
an Aufwendungen für Waren

Abschluss beim bestandsorientierten Verfahren

Nachfolgend wird der Abschluss der Warenkonten zunächst schematisch und anschließend anhand einer Musteraufgabe gezeigt.

Schematische Darstellung der Warenbuchungen beim bestandsorientierten Verfahren

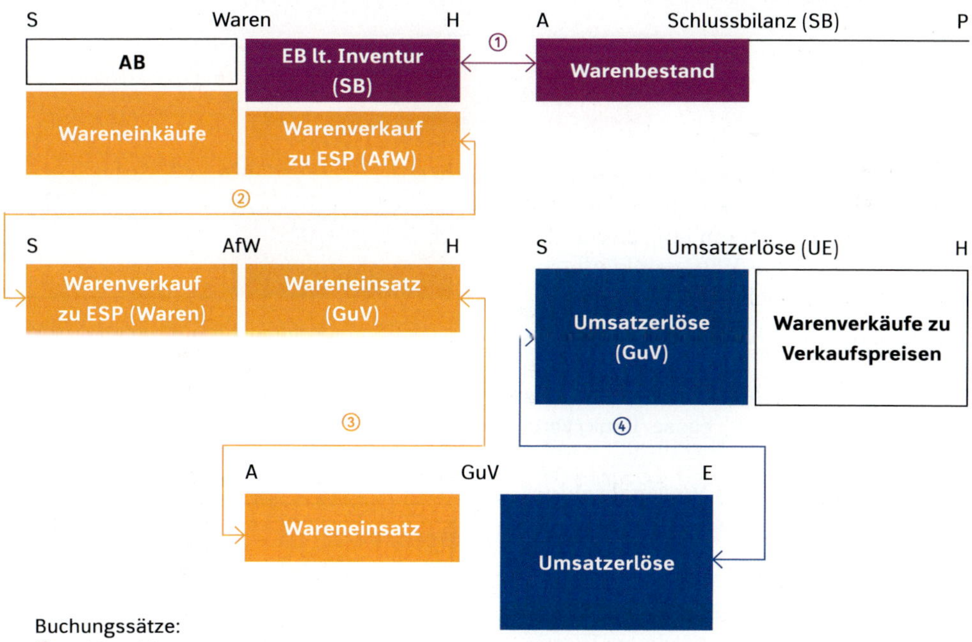

Buchungssätze:

① Schlussbilanz an Waren
② AfW an Waren
③ GuV an AfW
④ Umsatzerlöse an GuV

Kernwissen

- Das Konto „Waren“ wird weiterhin als Bestandskonto geführt.
  Es weist neben dem Anfangsbestand und dem Endbestand auch noch den Wareneinkauf auf.
- Der Abschluss des Warenkontos erfolgt am Ende des Betrachtungszeitraums über das Aufwandskonto „Aufwendungen für Waren“.
- Der Abschluss erfolgt wie bei jedem Aufwandskonto über die Gewinn- und Verlustrechnung.

5.3.2 Warenverbuchungen und Abschluss beim verbrauchsorientierten Verfahren

Warenverbuchungen beim verbrauchsorientierten Verfahren

Bei der Warenverbuchung nach dem verbrauchsorientierten Verfahren, auch **„Just-in-time-Buchung“** genannt, wird unterstellt, dass die eingehende Ware sofort verbraucht/verkauft wird, wodurch die Lagerhaltung überflüssig wird.

Demzufolge wird der Wareneingang unmittelbar auf dem Aufwandskonto

„Aufwendungen für Waren“ (AfW)

im Soll verbucht.

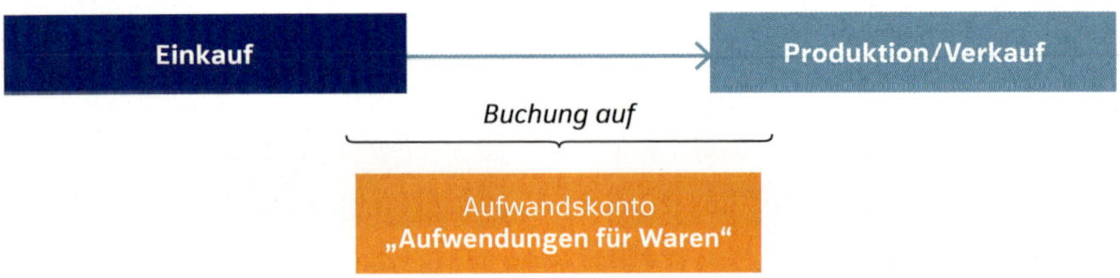

a) **Vorgehensweise beim Wareneingang**
Beim Konto „Aufwendungen für Waren“ handelt es sich um ein Aufwandskonto, bei dem die Wareneinkäufe sofort im Soll verbucht werden.

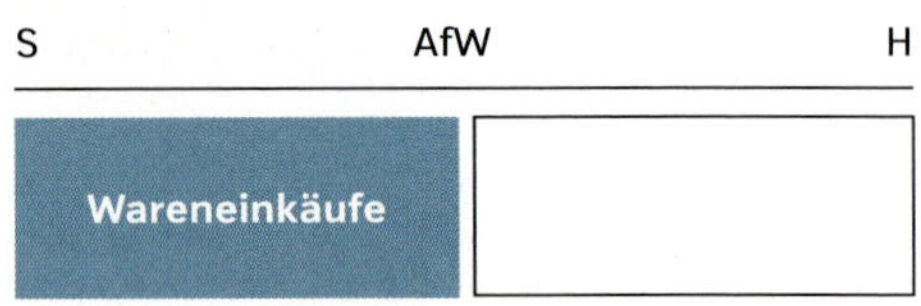

Buchungssatz

Aufwendungen für Waren
an Kasse/Bank/Verbindlichkeiten

b) **Vorgehensweise beim Warenabschluss**
Neben den Zugängen werden auf diesem Konto noch die sich auf dem Warenkonto als Differenz zwischen Anfangs- und Endbestand ergebenden Mehr- oder Minderbestände an Waren verbucht.

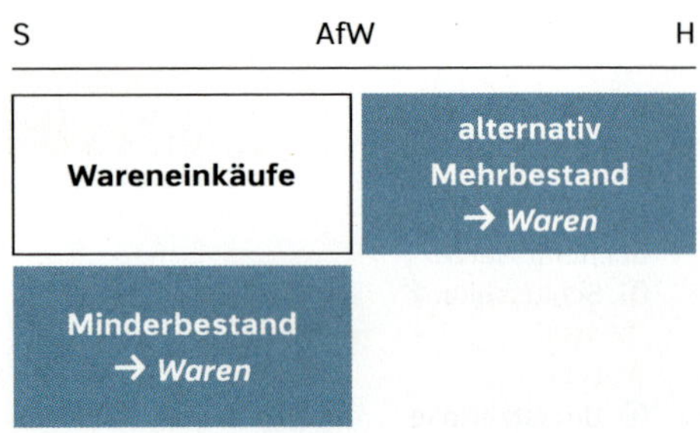

Buchungssatz bei einem Minderbestand

Aufwendungen für Waren
an Waren

Buchungssatz bei einem Mehrbestand

Waren
an Aufwendungen für Waren

Am Jahresende wird der Saldo des Kontos „Aufwendungen für Waren“ über die GuV abgeschlossen.

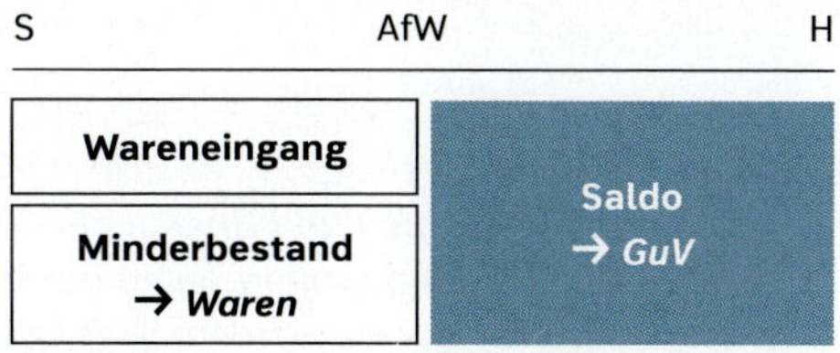

Buchungssatz

Gewinn- und Verlustrechnung
an Aufwendungen für Waren

Der Abschluss beim verbrauchsorientierten Verfahren

Der Abschluss der Warenbewegungen beim verbrauchsorientierten Verfahren soll nachfolgend anhand eines unterstellten Minderbestands, d. h., am Jahresende sind weniger Waren im Lager als zu Beginn des Jahres (Warenbestand < Warenanfangsbestand), dargestellt werden.

Schematische Darstellung der Warenbuchungen

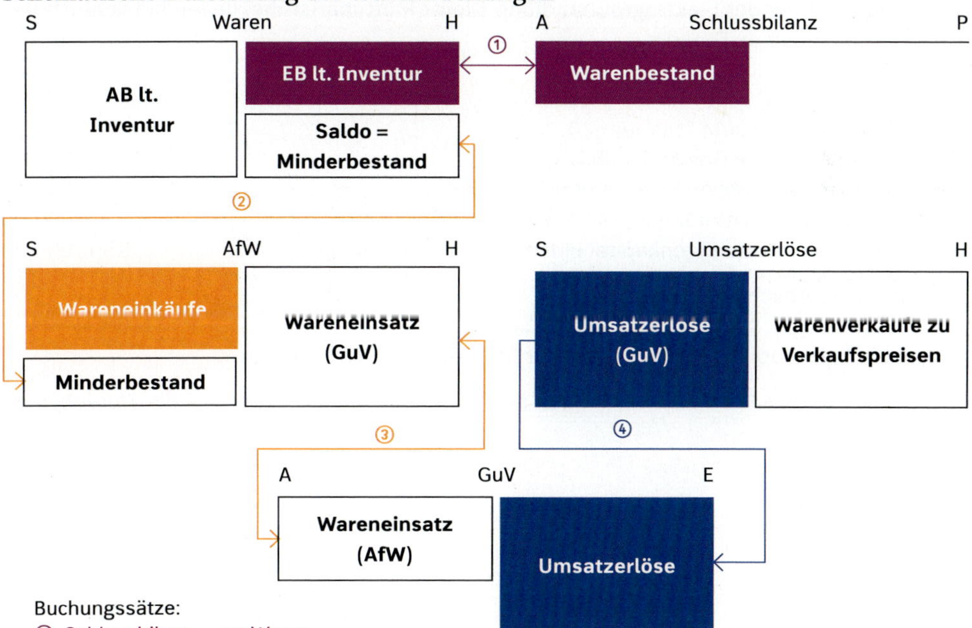

Buchungssätze:

① Schlussbilanz	an Waren
② AfW	an Waren (bei Minderbestand)
③ GuV	an Waren
④ Umsatzerlöse	an GuV

Kernwissen

- Das Aufwandskonto „Aufwendungen für Waren“ erfasst sämtliche Warenzugänge.
- Am Ende der Abrechnungsperiode übernimmt es den Mehr- oder Minderbestand an Waren vom Bestandskonto „Waren“.
- Der Abschluss erfolgt wie bei jedem Aufwandskonto über die Gewinn- und Verlustrechnung.

Tipp

Aus Gründen der Klarheit und Übersichtlichkeit soll im Folgenden jedoch die zuerst vorgestellte und im Großhandel und großen Teilen der Industrie angewandte bestandsorientierte Warenverbuchung zugrunde gelegt werden. Dies erscheint umso gerechtfertigter, als die Fachkräfte für Lagerlogistik überwiegend in diesen beiden Bereichen eingesetzt werden.

5.4 Beispiel eines Warenabschlusses, dargestellt anhand der bestandsorientierten Methode

Musteraufgabe

Der Geschäftsleitung der Elektrogroßhandlung Dieter Mott, Karlsruhe, liegen hinsichtlich des Warenbereichs folgende Daten vor:

	€
Warenanfangsbestand zum 1. Januar 20..	280000,00
Wareneinkäufe lt. ER[1] im Geschäftsjahr	1300000,00
Erlöse aus Warenverkäufen im Geschäftsjahr lt. AR[2]	1700000,00
Warenendbestand lt. Inventur vom 31. Dezember 20..	310000,00
Daneben weist das Konto Eigenkapital einen Anfangsbestand auf von	3500000,00

a) Bilden Sie die Abschlussbuchungen,
   - um den Rohgewinn bzw. Rohverlust zu ermitteln;
   - um die Eigenkapitalveränderung in der Schlussbilanz zu ermitteln.

b) Übertragen Sie die Abschlussbuchungen ins Hauptbuch und schließen Sie die Warenkonten am Jahresende ab.

---

[1] *ER = Eingangsrechnung*
[2] *AR = Ausgangsrechnung*

Musterlösung

a) **Abschlussbuchungen:**

1.	Schlussbilanz	310 000,00	
	an Waren		310 000,00
2.	Aufwendungen für Waren (AfW)	1 270 000,00	
	an Waren		1 270 000,00
3.	GuV	1 270 000,00	
	an AfW		1 270 000,00
4.	Umsatzerlöse	1 700 000,00	
	an GuV		1 700 000,00
5.	GuV (Gewinn)	430 000,00	
	an Eigenkapital		430 000,00
6.	Eigenkapital	3 930 000,00	
	an Schlussbilanz		3 930 000,00

b) **Abschluss auf T-Konten (dem Hauptbuch):**

S Waren H

AB	280 000,00	① SB	310 000,00
Einkäufe	1 300 000,00	② AfW	1 270 000,00
	1 580 000,00		1 580 000,00

S Umsatzerlöse H

④ GuV	1 700 000,00	Verkäufe	1 700 000,00

S AfW H

② Waren	1 270 000,00	③ GuV	1 270 000,00

A GuV E

③ AfW	1 270 000,00	④ Umsatzerlöse	1 700 000,00
⑤ Gewinn/EK	430 000,00		
	1 700 000,00		1 700 000,00

S Eigenkapital H

⑥ EB/SB	3 930 000,00	AB	3 500 000,00
		⑤ Gewinn/GuV	430 000,00
	3 930 000,00		3 930 000,00

A Schlussbilanz (SB) P

.		⑥ Eigenkapital	3 930 000,00
.		.	
.		.	
① Waren	310 000,00	.	
.		.	

Lösungsschritte

1. Verbuchung des Warenendbestands lt. Inventur.
   Hier: Schlussbilanz an Waren
2. Ermittlung des Warenverkaufs zu Einstandspreisen als Saldogröße auf dem Konto Waren und Gegenbuchung auf dem Konto Aufwendungen für Waren.
   Hier: AfW an Waren
3. Abschluss des Kontos AfW über das GuV-Konto.
   Hier: GuV an AfW
4. Abschluss des Kontos Umsatzerlöse über das GuV-Konto.
   Hier: Umsatzerlöse an GuV
5. Ermittlung des Erfolges auf dem GuV-Konto und Abschluss über das Konto Eigenkapital.
   Hier: GuV (Gewinn) an Eigenkapital
6. Abschluss des Eigenkapitalkontos über die Schlussbilanz.
   Hier: Eigenkapital an Schlussbilanz.

Übungsaufgaben

1. Bilden Sie zu nachfolgenden Geschäftsvorfällen die Buchungssätze.

		€
1. Wareneinkauf auf Ziel		*4800,00*
2. Warenverkauf bar		*1250,00*
3. Wareneinkauf		
gegen:	*– Bankscheck*	*4000,00*
	– Barzahlung	*2800,00*
	– Ziel	*6000,00*
4. Warenverkauf auf Ziel		*8200,00*

2. Buchen Sie auf den Warenkonten und ermitteln Sie den Rohgewinn bzw. Rohverlust.

	€
Anfangsbestand der Waren	*230000,00*
Wareneinkäufe auf Ziel	*190000,00*
Warenverkäufe auf Ziel	*215000,00*
Warenendbestand lt. Inventur	*225000,00*

3. Bilden Sie zu nachfolgenden Geschäftsvorfällen die Buchungssätze (Grundbuch) und verbuchen Sie diese vollständig auf T-Konten (Hauptbuch).

Anfangsbestände:	€		€
BGA	*60000,00*	*Eigenkapital*	*?*
Waren	*75000,00*	*Darlehen*	*40000,00*
Forderungen	*35000,00*	*Verbindlichkeiten*	*27000,00*
Bank	*22500,00*		
Postbank	*18800,00*		
Kasse	*11300,00*		

Kontenplan: Neben der Eröffnungs- und Schlussbilanz sind noch folgende Konten erforderlich:
Bestandskonten: BGA, Waren, Forderungen, Bank, Postbank, Kasse, Eigenkapital, Darlehen, Verbindlichkeiten
Erfolgskonten: Aufwendungen für Waren, Mietaufwendungen, Gehälter, Zinserträge, Umsatzerlöse, Gewinn- und Verlustkonto

Geschäftsvorfälle:	€
1. Zieleinkauf von Waren	8900,00
2. Mietzahlungen bar	6300,00
3. Tilgung eines Darlehen durch Banküberweisung	15000,00
4. Gehaltszahlung durch Postbanküberweisung	5400,00
5. Zielverkauf von Waren	14000,00
6. Zinsgutschrift der Bank	1200,00
7. Ein Kunde begleicht seine Rechnung durch Banküberweisung	4300,00
8. Kauf einer EDV-Anlage gegen Bankscheck	3800,00
9. Warenverkauf gegen Bankscheck	8000,00

Abschlussangaben:

Warenendbestand lt. Inventur	68900,00

Fragen:
a) Ermitteln Sie den Rohgewinn/-verlust.
b) Warum weichen Rohgewinn/-verlust vom Reingewinn/-verlust ab?
c) Wie wirkt sich ein Reingewinn/-verlust auf das Eigenkapitalkonto aus?

4. *Bilden Sie zu nachfolgenden Geschäftsvorfällen die Buchungssätze und verbuchen Sie diese vollständig auf T-Konten.*

Anfangsbestände:	€		€
BGA	250000,00	Eigenkapital	?
Waren	175000,00	Darlehen	120000,00
Forderungen	48000,00	Verbindlichkeiten	64000,00
Bank	63000,00		
Kasse	17800,00		

Kontenplan: Neben der Eröffnungs- und Schlussbilanz sind noch folgende Konten einzurichten:
Bestandskonten: BGA, Waren, Forderungen, Bank, Kasse, Eigenkapital, Darlehen, Verbindlichkeiten
Erfolgskonten: Aufwendungen für Waren, Löhne, Zinserträge, Mieterträge, Umsatzerlöse, Gewinn- und Verlustkonto

Geschäftsvorfälle:	€
1. Barverkauf einer gebrauchten Schreibmaschine	1200,00
2. Wareneinkauf auf Ziel	17500,00
3. Ein Kunde begleicht seine Rechnung durch Banküberweisung	3200,00
4. Warenverkauf gegen Barzahlung	1800,00
5. Die Bank schreibt uns Zinsen gut	680,00
6. Warenverkauf auf Ziel	22300,00
7. Aufnahme eines Darlehens bei unserer Bank	35000,00
8. Lohnzahlungen bar	7800,00

	€
9. Wir begleichen die Rechnung unseres Lieferers bar	1 900,00
10. Wir erhalten Miete bar	8 200,00

Abschlussangaben:

Warenendbestand lt. Inventur	180 000,00

Fragen:
a) Wie hoch ist der Rohgewinn bzw. -verlust?
b) Ermitteln Sie den Reingewinn bzw. -verlust.

5. *Bilden Sie zu nachfolgenden Geschäftsvorfällen die Buchungssätze und verbuchen Sie diese vollständig auf T-Konten.*

Anfangsbestände:	€		€
Gebäude	480 000,00	Eigenkapital	?
Maschinen	170 000,00	Hypothekenschuld	300 000,00
BGA	75 500,00	Verbindlichkeiten	62 000,00
Waren	118 000,00		
Forderungen	35 000,00		
Bank	52 000,00		
Kasse	9 000,00		

Kontenplan: Neben der Eröffnungs- und Schlussbilanz sind noch folgende Konten einzurichten:
Bestandskonten: Gebäude, Maschinen, BGA, Waren, Forderungen, Bank, Kasse, Eigenkapital, Hypothekenschuld, Verbindlichkeiten
Erfolgskonten: Aufwendungen für Waren, Zinsaufwendungen, Büromaterial, Gehälter, Umsatzerlöse, Zinserträge, Gewinn- und Verlustkonto

Geschäftsvorfälle:	€
1. Warenverkauf bar	14 000,00
2. Banküberweisung an unseren Lieferer	21 000,00
3. Zieleinkauf von Waren	47 500,00
4. Gehaltszahlungen bar	1 600,00
und durch Banküberweisung	11 000,00
5. Banküberweisung unseres Kunden	18 500,00
6. Zinsgutschrift unserer Bank	800,00
7. Warenverkauf auf Ziel	52 000,00
8. Teiltilgung unseres Hypothekendarlehens durch Bankscheck	20 000,00
9. Barkauf von Büromaterial	320,00
10. Hypothekenzinsen in Höhe von werden von unserem Konto abgebucht	4 000,00

Abschlussangaben:

Warenendbestand lt. Inventur	121 000,00

6 Die Umsatzsteuer

Situation

Beim Kontrollieren der verschiedenen Rechnungen ist Florian auf eine vermeintliche Ungereimtheit gestoßen, beinhalten doch sowohl die Eingangsrechnungen von den Lieferanten, die er gelegentlich bei der Warenannahme zu Gesicht bekommt, als auch die Ausgangsrechnungen an die Kunden, die er ab und zu der kommissionierten Ware beilegt, 19 % Umsatzsteuer.

Wie soll denn da meine Unternehmung noch Gewinn erzielen, wenn sie sowohl beim Einkauf als auch beim Verkauf Umsatzsteuer an den Staat bezahlen soll, überlegt Florian.

Handlungsaufträge

1. *Überprüfen Sie die Überlegungen Florians auf ihre Richtigkeit.*
2. *Verbuchen Sie sowohl den Wareneinkauf als auch den Warenverkauf unter Berücksichtigung der Umsatzsteuer.*
3. *Ermitteln Sie den tatsächlich an das Finanzamt abzuführenden Betrag.*

6.1 Wesen der Umsatzsteuer

Eine der größten Einnahmepositionen des Staates ist die Umsatzsteuer (USt), die nach § 1 Umsatzsteuergesetz (UStG) auf folgende Umsätze zu erheben ist:

- Umsätze aus Lieferungen und Leistungen im Inland,
- Umsätze, die sich aus dem Eigenverbrauch des Unternehmers ergeben,
- Umsätze aus der Einfuhr von Gütern.

Bemessungsgrundlage für die Höhe der Umsatzsteuer ist der Nettowarenwert, auf den der jeweils geltende Umsatzsteuersatz von zz. 19 % bzw. 7 % anzuwenden ist.

Dem verminderten Umsatzsteuersatz von 7 % unterliegen:

- Grundnahrungsmittel,
- landwirtschaftliche Produkte,
- Bücher, Zeitungen, Zeitschriften,
- Nahverkehr.

Merke

	Nettowarenwert	*100 %*	
+	*Umsatzsteuer*	*19 %*	*(7 %)*
=	*Bruttowarenwert*	*119 %*	*(107 %)*

In der Praxis bezeichnet man die Umsatzsteuer häufig als **Mehrwertsteuer**, weil nur vom jeweils entstandenen Mehrwert – der Wertschöpfung – Umsatzsteuer an das Finanzamt abzuführen ist, wie nachfolgendes Beispiel zeigt:

Eingangsrechnung
von unserem Lieferer:

	1 DVD-Player AX10	300,00 €
+	19 % USt	57,00 €
	Rechnungsbetrag	357,00 €

Ausgangsrechnung
an unseren Kunden:

	1 DVD-Player AX10	400,00 €
+	19 % USt	76,00 €
	Rechnungsbetrag	476,00 €

Einkaufspreis, netto	300,00 €
Verkaufspreis, netto	400,00 €
Mehrwert	100,00 €
davon 19 % USt =	19,00 €

ausgehende Steuerbeträge
Uns werden in Rechnung gestellt:
57,00 €

(Forderung an das Finanzamt)

eingehende Steuerbeträge
Wir stellen in Rechnung:
76,00 €

(Verbindlichkeit gegenüber dem Finanzamt)

Der Unternehmer zahlt an das Finanzamt

76,00 €
– 57,00 €
19,00 €

für den von ihm geschaffenen **Mehrwert**

Wie vorliegendes Beispiel verdeutlicht muss der Unternehmer lediglich den auf seiner Umsatzstufe „neu“ hinzugewonnenen Mehrwert versteuern und an das Finanzamt abführen, wenngleich bei der Berechnung der USt zunächst vom gesamten Umsatzwert ausgegangen wird. Von dieser berechneten Steuerschuld können jedoch die bezahlten Umsatzsteuerbeträge, die bei der Lieferung anfallen, abgezogen werden. Der sich als Unterschied ergebende Betrag ist die tatsächlich zu zahlende Steuerschuld, die man **Zahllast** nennt.

Die Zahllast lässt sich auf einfache Weise ermitteln:

Merke

Umsatzsteuer aus dem Verkauf lt. Ausgangsrechnung
– *Umsatzsteuer aus dem Einkauf lt. Eingangsrechnung*
= *Zahllast, die an das Finanzamt abzuführen ist*

Kernwissen

- Die Umsatzsteuer wird auf den Nettowarenwert bezogen.
- Die Umsatzsteuer stellt für das Unternehmen eine **durchlaufende Position** dar, d. h., die vom Kunden einbehaltene Umsatzsteuer muss nach Abzug der bereits an den Lieferer gezahlten Umsatzsteuer an das Finanzamt abgeführt werden.
- Die Zahllast stellt die Schuld dar, die das Unternehmen an das Finanzamt abführen muss.
- Nur der Endverbraucher muss die Umsatzsteuer letztlich tragen.

6.2 Die Umsatzsteuer beim Wareneinkauf

Die beim Einkauf von Waren anfallende Umsatzsteuer bezeichnet man als **Vorsteuer**. Sie stellt eine Forderung gegenüber dem Finanzamt dar, deren Zugang auf der Sollseite des Kontos

Vorsteuer

verbucht wird. Demzufolge handelt es sich bei dem Konto „Vorsteuer" um ein **Aktivkonto**.

Tipp

Eine Umsatzsteuerschuld gegenüber dem Finanzamt entsteht erst dann, wenn die eingekauften Waren weiterverkauft werden.

Musteraufgabe

Zu verbuchen ist folgender Geschäftsvorfall:

Eingangsrechnung:

	1 DVD-Player AX 10	300,00 €
+	19 % USt	57,00 €
	Rechnungsbetrag	357,00 €

Musterlösung

a) **Buchungssatz:**

Waren	300,00	
Vorsteuer	57,00	
an Verbindlichkeiten		357,00

b) **Verbuchung auf T-Konten:**

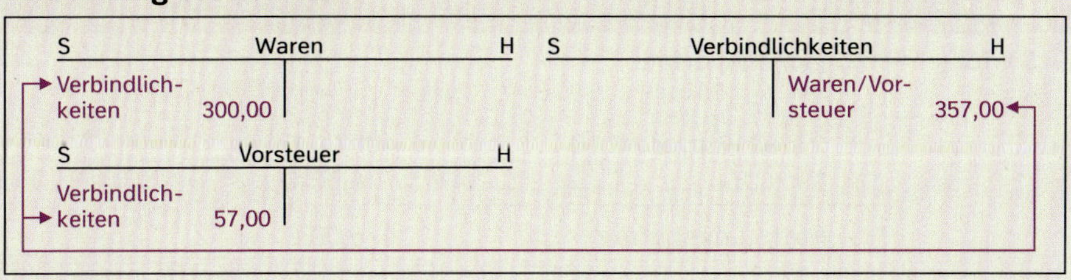

Lösungsschritte

1. Überlegung: Handelt es sich im vorliegenden Geschäftsvorfall um einen Wareneinkauf oder um einen Warenverkauf?
   Hier: Wareneinkauf → Konto „Waren"
2. Achtung: Beim Wareneinkauf fällt **immer** Vorsteuer an!
3. Verbuchung des Geschäftsvorfalls.
   Hier: Waren + Vorsteuer an Verbindlichkeiten

Kernwissen

- Vorsteuer bezeichnet den Teil der Umsatzsteuer, der beim Wareneinkauf anfällt.
- Vorsteuer ist ein Aktivkonto.
- Vorsteuer stellt eine Forderung gegenüber dem Finanzamt dar.

6.3 Die Umsatzsteuer beim Warenverkauf

Die beim Warenverkauf anfallende Steuer bezeichnet man als Umsatzsteuer (USt), teilweise noch als Mehrwertsteuer (MwSt.)[1]. Sie stellt eine Verbindlichkeit gegenüber dem Finanzamt dar, deren Zugang auf der Habenseite des Kontos

Umsatzsteuer (Mehrwertsteuer)

verbucht wird. Demzufolge handelt es sich bei dem Konto „Umsatzsteuer" bzw. „Mehrwertsteuer" um ein **Passivkonto.**

Die Verordnung zur Durchführung des Umsatzsteuergesetzes vom 5. November 1976 strich jedoch den Zusatz „Mehrwertsteuer", sodass nur noch der Begriff **„Umsatzsteuer"** verwendet wird.

Daraus ergibt sich – wie aus nachfolgender Darstellung hervorgeht –, dass der Begriff „Umsatzsteuer" doppelt belegt ist.

Umsatzsteuer

Vorsteuer	Umsatzsteuer (Mehrwertsteuer)
↓ Aktivkonto	↓ Passivkonto
↓ fällt an beim Kauf	↓ fällt an beim Verkauf

Musteraufgabe

Verbuchen Sie folgenden Geschäftsvorfall:

Ausgangsrechnung:

	1 DVD-Player AX 10	400,00 €
+	19 % USt	76,00 €
	Rechnungsbetrag	476,00 €

Musterlösung

a) **Buchungssatz:**

Forderungen	476,00	
an Umsatzerlöse		400,00
Umsatzsteuer		76,00

---

[1] *Um den Schülern aber dennoch eine Hilfe anzubieten, wurde im beiliegenden Kontenrahmen hinter dem Konto „480 Umsatzsteuer" in Klammern die Abkürzung „MwSt." vermerkt.*

b) **Verbuchung auf T-Konten:**

S	Forderungen	H
UE/USt	476,00	

S	Umsatzerlöse (UE)	H
	Forderungen	400,00

S	Umsatzsteuer (USt)	H
	Forderungen	76,00

Lösungsschritte

1. Überlegung: Handelt es sich in vorliegendem Fall um einen Wareneinkauf oder um einen Warenverkauf?
   Hier: Warenverkauf → Konto „Umsatzerlöse"
2. Beachtung: Beim Warenverkauf fällt **immer** Umsatzsteuer an!
3. Verbuchung des Geschäftsvorfalls:
   Hier: Forderungen an Umsatzerlöse + USt

Kernwissen

- Umsatzsteuer bezeichnet den Steueranteil, der beim Warenverkauf anfällt.
- Umsatzsteuer ist ein Passivkonto.
- Umsatzsteuer stellt eine Verbindlichkeit gegenüber dem Finanzamt dar.

Übungsaufgaben

1. Verbuchen Sie als Mitarbeiter/-in der Spedition Weltweit nachfolgende Eingangsrechnung.

BAUER
Büroeinrichtungshaus

Neckarstr. 28
44532 Lünen
Telefon 02306 – 37 56 33
Telefax 02306 – 37 56 44

BAUER AG, Neckarstr. 28, 44532 Lünen

Spedition Weltweit
Frankfurter Str. 12
6915 7 Heidelberg

Datum: 27. 05. 20..
Projekt: 00-00232
USt-IdNr.: 476819537

Rechnung 00-00232

Sehr geehrte Damen und Herren,

wir bedanken uns für Ihren Auftrag vom 5. Mai 20.. und berechnen wie folgt:

Menge	Bezeichnung	Einzelpreis in €	Gesamtpreis in €
3	Stahlregale	3 500,00	10 500,00
	19 % USt		1 995,00
	Rechnungsbetrag		12 495,00

Zahlungsziel: 30 Tage rein netto

Mit freundlichen Grüßen

BAUER AG – Büroeinrichtungshaus

ppa. Fürst

Fürst

2. Bilden Sie für folgende Geschäftsvorfälle die Buchungssätze:

	€
1. Wareneinkauf auf Ziel	
netto	**7500,00**
+ 19 % USt	**1425,00**
2. Bareinzahlung auf unser Bankkonto	**4200,00**
3. Warenverkauf gegen Bankscheck	
netto	**3200,00**
+ 19 % USt	**608,00**
4. Wir zahlen Miete bar	**3600,00**
5. Kauf von zwei Schreibtischen auf Ziel	
netto	**2180,00**
+ 19 % USt	**414,20**
6. Ein Kunde begleicht seine Rechnung durch Banküberweisung	**4750,00**
7. Gehaltszahlungen durch Banküberweisung	**9780,00**

		€
8. Zinsgutschrift unserer Bank		***600,00***
9. Wareneinkauf		
netto		***4500,00***
+ 19 % USt		***855,00***
gegen:	***– Barzahlung***	***1035,00***
	– Banküberweisung	***2700,00***
	– Postbanküberweisung	***1620,00***

3. ***Verbuchen Sie folgende Geschäftsvorfälle:***

		€
1. Einkauf von Kopierpapier auf Ziel		
netto		***379,00***
+ 19 % USt		***72,01***
2. Barzahlung der Ausbildungsvergütung		***1150,00***
3. Ein Kunde begleicht seine Schuld durch Banküberweisung		***4300,00***
4. Warenverkauf auf Ziel		
netto		***6200,00***
+ 19 % USt		***1178,00***
5. Wir erhalten Diskonterträge auf unserem Bankkonto gutgeschrieben		***1780,00***
6. Kauf eines Pkw		
netto		***43000,00***
+ 19 % USt		***8170,00***
gegen:	***– Barzahlung***	***5000,00***
	– Bankscheck	***23000,00***
	– Rest auf Ziel	***?***
7. Postbanküberweisung der Telefongebühren		***870,00***
8. Wareneinkauf gegen Bankscheck		
netto		***23300,00***
+ 19 % USt		***4427,00***

6.4 Berechnung und Verbuchung der Umsatzsteuer-Zahllast

Ermittlung der Zahllast

Wie bereits im Eingangsbeispiel gezeigt muss der Unternehmer die dem Kunden berechnete Umsatzsteuer nicht in voller Höhe an das Finanzamt überweisen. Vielmehr kann er die an seinen Lieferanten gezahlte Vorsteuer damit verrechnen.
Die sich ergebende Differenz – i.d.R. ist die Umsatzsteuer größer als die Vorsteuer – bezeichnet man als **Zahllast**.

Buchungssatz

Umsatzsteuer
an Vorsteuer

Merke

Umsatzsteuer
– Vorsteuer
= Zahllast

Abführen der Zahllast

An jedem Monatsende muss der Unternehmer die Zahllast buchhalterisch ermitteln und bis zum 10. des jeweiligen Folgemonats (+ 5 Tage Schonfrist) an das Finanzamt abführen.

Buchungssatz

Umsatzsteuer
an Bank

Musteraufgabe

Ermitteln Sie die Zahllast für unser Eingangsbeispiel und begleichen Sie diese durch Banküberweisung.

Musterlösung

Auf unser Eingangsbeispiel bezogen ergibt sich für die Zahllast folgender Wert:

	Umsatzsteuer aus dem Verkauf	76,00 €
–	Vorsteuer aus dem Einkauf	57,00 €
=	Zahllast	19,00 €

1. a) **Buchungssatz für die Ermittlung der Zahllast:**

	Soll	Haben
Umsatzsteuer	57,00	
an Vorsteuer		57,00

b) **Verbuchung auf T-Konten:**

S	Vorsteuer		H
Verbindlichkeiten	57,00	USt	57,00

S	Umsatzsteuer		H
Vorsteuer	57,00	Forderungen	76,00

2. a) **Buchungssatz zur Abführung der Zahllast an das Finanzamt:**

	Soll	Haben
Umsatzsteuer	19,00	
an Bank		19,00

b) **Verbuchung auf T-Konten:**

S	Umsatzsteuer		H
Vorsteuer	57,00	Forderungen	76,00
Zahllast	19,00		

S	Bank		H
		USt	19,00

Lösungsschritte

1. Abschluss des Kontos „Vorsteuer“ über das Konto „Umsatzsteuer“ und Ermittlung der Zahllast als Differenz beider Größen.
   Hier: Umsatzsteuer an Vorsteuer
2. Überweisung der Zahllast durch Banküberweisung und Abschluss des Kontos „Umsatzsteuer“.
   Hier: Umsatzsteuer an Bank

Kernwissen

- Die Zahllast ergibt sich als Differenz zwischen der i. d. R. höheren Umsatzsteuer und der niedrigeren Vorsteuer.
- Die Zahllast stellt eine Verbindlichkeit gegenüber dem Finanzamt dar, die bis zum 10. jeden Monats für den vorausgegangenen Monat an das Finanzamt abgeführt werden muss.

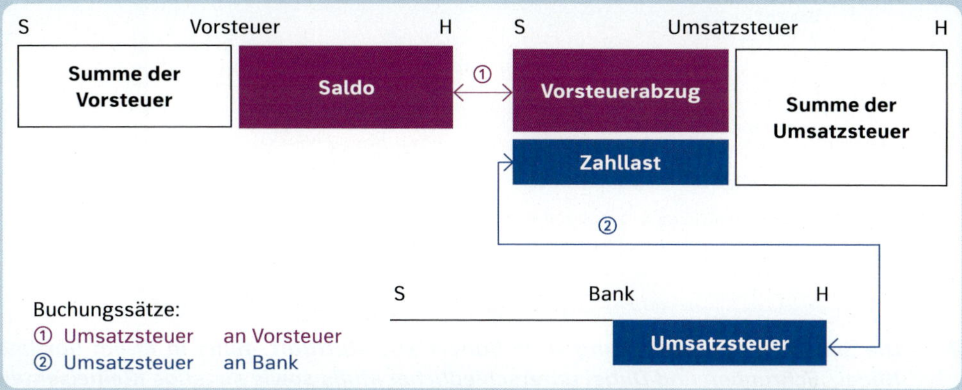

- **Besonderheiten:** Beim Jahresabschluss am 31.12. ist die Zahllast für den Monat Dezember, da noch nicht abgeführt, allerdings auf der Passivseite der Bilanz auszuweisen (zu passivieren).
- Nur in Ausnahmefällen ist die Vorsteuer einmal höher als die Umsatzsteuer, sodass der Betrieb eine Forderung an das Finanzamt hat.

Übungsaufgaben

1. ***Verbuchen Sie als Mitarbeiter/-in der Fahrradgroßhandlung Rainer Barth die nachfolgenden Rechnungen. Ermitteln Sie die Zahllast und begleichen Sie diese durch Banküberweisung.***

a) Eingangsrechnung:

Fahrradfabrik
Edgar Traub & Co.
Saarbrücker Str. 25
40476 Düsseldorf

Düsseldorf, ..-03-25

An die
Fahrradgroßhandlung
Rainer Barth
Hauptallee 35
01069 Dresden

Rechnung Nr. 3047

Wir lieferten Ihnen auf Ziel

2 Mountainbikes à 1 150,00 €	2 300,00 €
+ 19 % USt	437,00 €
Gesamtpreis	2 737,00 €

b) Ausgangsrechnung:

```
Fahrradgroßhandlung                                Dresden, ..-04-12
Rainer Barth
Hauptallee 35
01069 Dresden


Herrn
Pascal Jaus
Uferstr. 35
01097 Dresden


Rechnung Nr. 2345

Wir lieferten Ihnen auf Ziel

2 Mountainbikes à 1 700,00 €                            3 400,00 €
+ 19% USt                                                 646,00 €
                                                        4 046,00 €
```

2. ***Die Schraubengroßhandlung H.-P. Banert KG, Stuttgart, führt in ihrem Sortiment Nägel, Schrauben und Dübel unterschiedlicher Maße sowie sonstige Kleineisenteile. Frau Martine Wahl ist als Ausbildungsleiterin auch für die interne Schulung der neuen Auszubildenden im Logistikbereich zuständig.***

Zur nächsten Schulung bringt Frau Wahl nachfolgende Belege mit und fordert Sie auf
a) die Buchungssätze für die beiden Belege zu bilden
b) den Unterschied zwischen Vor- und Mehrwertsteuer (Umsatzsteuer) anhand der beiden Belege zu erklären und
c) aus den vorliegenden Belegen die Zahllast zu ermitteln und den Begriff ‚Zahllast' zu erläutern.

Anlage 1

Pluskat Schraubenwerk GmbH, Auf dem Berg 5, 78532 Tuttlingen

Schraubengroßhandlung
H.-P. Banert KG
Neckarbergstr. 33
70736 Stuttgart

Rg.Nr.: 111110
Kd.Nr.: 1756
Datum: 20.11.20..

Rechnung

Sehr geehrte Damen und Herren,

wir danken für Ihre Bestellung und berechnen aufgrund unserer Lieferung vom 17.11.20.. wie vereinbart:

Artikelbezeichnung	Menge in Stück	Stückpreis	Gesamtpreis
Schlosserschrauben MB 150 mm Länge, Flachkopf	5000	0,30	1 500,00
zuzüglich 19 % USt			285,00
Rechnungsbetrag			1 785,00

Zahlungsbedingungen: Zahlbar innerhalb 30 Tage rein netto

Bankverbindung: Voba Tuttlingen, IBAN: DE40 5940 4904 0037 8343 05, BIC: VOBADE88XXX,
USt-IdNr.: De 4974995

Anlage 2

Schraubengroßhandlung
H.-P. Banert KG
Neckarbergstr. 33
70736 Stuttgart

Datum: 28.11.20.. 16:15 Uhr
Beleg-Nr.: 1713

Artikel	Preis/Stück	Gesamtpreis
1000 Schlosserschrauben MB 150 mm Länge, Flachkopf	0,55	550,00
Nettobetrag		550,00
zzgl. USt. 19 %		104,50
Rechnungsbetrag		654,50

Betrag in bar erhalten

USt-IdNr.: DE 33583905

In Folge der guten Konjunkturaussichten plant die Schraubengroßhandlung H.-P. Banert KG eine Vergrößerung ihres Kleinteilelagers. Hierfür wurden bei der RaA (Regale aller Art) Becker GmbH in Ulm drei neue Regale bestellt.

d) Nachdem Sie nunmehr bereits buchhalterische Erfahrung besitzen, weist Herr Becker Sie an, die beiliegende Eingangsrechnung sowie deren Bezahlung – siehe Anlage 3 – zu verbuchen.

Anlage 3

RaA Becker GmbH, Eichenallee 9, 88287 Ulm

RaA BECKER

Schraubengroßhandlung
H.-P. Banert KG
Neckarbergstr. 33
70736 Stuttgart

Rechnungsdatum: 12.12.20..
Kunden-Nr: 2316
Rechnungs-Nr.: 2431

Bezahlt durch Banküberweisung am 22.12.20..

Rechnung

Menge	Artikel	Artikelnummer	Stückpreis	Gesamtpreis
3	Stahlregale	100-63	3495,00	10485,00
zuzüglich 19 % USt				1992,15
Rechnungsbetrag				12477,15

Lieferbedingungen: frei Haus
Zahlungsbedingungen: 10 Tage rein netto

Bankverbindung: Commerzbank Ulm, IBAN: DE40 3905 0505 0027 8374 03, BIC: BAGFNS44XXX,
USt-IdNr.: De 4974995

3. ***Während Ihrer Ausbildung beim Kurierdienst Eiltrans GmbH, Karlsruhe, werden Sie als Krankheitsvertretung kurzfristig in der Buchhaltungsabteilung eingesetzt.***

Ihre Vorgesetzte Frau Lena Steiner bittet Sie:

1. ***die nachfolgenden Konten buchhalterisch abzuschließen und den Buchungssatz für die Ermittlung der Zahllast anzugeben.***
2. ***die Verbuchung der Zahllast vorzunehmen, wenn diese per Banküberweisung beglichen wird.***

Vorsteuer (Soll)	Vorsteuer (Haben)
3 250,00	
300,00	
2 450,00	

USt (MwSt) (Soll)	USt (MwSt) (Haben)
	2 180,00
	4 970,00

4. ***Verbuchen Sie folgende Geschäftsvorfälle:***

	€
1. Wareneinkauf auf Ziel	
netto	***14500,00***
+ 19 % USt	***2755,00***
2. Banküberweisung unserer Gewerbesteuer	***18570,00***
3. Bareinzahlung auf unser Bankkonto	***8500,00***
4. Warenverkauf gegen Postbankscheck	
netto	***10000,00***
+ 19 % USt	***1900,00***
5. Umbuchung der Vorsteuer auf das Konto Umsatzsteuer	***6300,00***
6. Banküberweisung der sich ergebenden Zahllast in Höhe von	***7800,00***
7. Lohnzahlung bar	***6350,00***
8. Kauf eines Gabelstaplers auf Ziel	
netto	***42800,00***
+ 19 % USt	***8132,00***
9. Ein Kunde begleicht seine Rechnung durch Postbanküberweisung	***2750,00***
10. Mietzahlung für unsere Geschäftsräume bar	***12000,00***

5. ***Verbuchen Sie folgende Geschäftsvorfälle:***

	€
1. Unsere Bank schreibt Zinsen gut	***3800,00***
2. Warenverkauf gegen Bankscheck	
netto	***23400,00***
+ 19 % USt	***4446,00***
3. Wareneinkauf auf Ziel	
netto	***17200,00***
+ 19 % USt	***3268,00***
4. Gehaltszahlungen durch Banküberweisung	***16380,00***
5. Ein Kunde begleicht seine Schuld	
durch: – Bankscheck	***4000,00***
– Postbankscheck	***6500,00***
– bar	***2000,00***
6. Umbuchung der Vorsteuer auf das Konto Umsatzsteuer	***12800,00***
7. Warenverkauf gegen Barzahlung	
netto	***4200,00***
+ 19 % USt	***798,00***
8. Zinsgutschrift der Bank	***2800,00***

9.	Kauf eines Grundstücks	
	gegen: – Barzahlung	15000,00
	– Banküberweisung	30000,00
	– Postbanküberweisung	22000,00
	– Ziel	53000,00
10.	Abführen der Zahllast durch Banküberweisung	14800,00

6. Bilden Sie zu nachfolgenden Geschäftsvorfällen die Buchungssätze, verbuchen Sie diese vollständig auf T-Konten und erstellen Sie die Schlussbilanz.

Anfangsbestände:	€		€
Fuhrpark	165000,00	Eigenkapital	?
BGA	95000,00	Verbindlichkeiten	75000,00
Waren	235000,00		
Forderungen	53000,00		
Bank	60000,00		
Kasse	9500,00		

Kontenplan: Neben der Eröffnungs- und Schlussbilanz sind noch folgende Konten einzurichten:
Bestandskonten: Fuhrpark, BGA, Waren, Forderungen, Vorsteuer, Bank, Kasse, Verbindlichkeiten, Umsatzsteuer, Eigenkapital
Erfolgskonten: Aufwendungen für Waren, Löhne, Werbeaufwendungen, Büromaterial, Postgebühren, Zinsaufwand, Umsatzerlöse, Gewinn- und Verlustkonto

Geschäftsvorfälle:		€
1.	Barkauf von Kopierpapier	
	netto	300,00
	+ 19 % USt	57,00
2.	Warenverkauf auf Ziel	
	netto	25000,00
	+ 19 % USt	4750,00
3.	Barzahlung von Löhnen	4850,00
4.	Wareneinkauf auf Ziel	
	netto	11000,00
	+ 19 % USt	2090,00
5.	Die Bank belastet uns mit Zinsen in Höhe von	580,00
6.	Banküberweisung für unsere Werbeanzeige	
	netto	800,00
	+ 19 % USt	152,00
7.	Warenverkauf gegen Bankscheck	
	netto	13800,00
	+ 19 % USt	2622,00
8.	Ein Kunde begleicht seine Rechnung durch Banküberweisung	8500,00
9.	Barkauf einer Wertmarke für unsere Frankiermaschine	500,00
10.	Wareneinkauf gegen Bankscheck	
	netto	15000,00
	+ 19 % USt	2850,00

Abschlussangaben:

1. Zahllast:
   a) Ermittlung der Zahllast
   b) Passivierung der Zahllast
2. Warenendbestand lt. Inventur 225000,00

7. **Bilden Sie zu nachfolgenden Geschäftsvorfällen die Buchungssätze im Grundbuch, verbuchen Sie diese vollständig auf T-Konten und erstellen Sie die Schlussbilanz.**

Anfangsbestände:	€		€
Bebaute Grundstücke	260000,00	Eigenkapital	?
BGA	83000,00	Hypothekenschulden	185000,00
Waren	42000,00	Verbindlichkeiten	32000,00
Forderungen	27000,00		
Bank	29000,00		
Postbank	13500,00		
Kasse	4500,00		

Kontenplan: Neben der Eröffnungs- und Schlussbilanz sind noch folgende Konten einzurichten:
Bestandskonten: Bebaute Grundstücke, BGA, Waren, Forderungen, Bank, Postbank, Kasse, Vorsteuer, Hypothekenschulden, Verbindlichkeiten, Umsatzsteuer, Eigenkapital
Erfolgskonten: Aufwendungen für Waren, Miete, Steuern, Gehälter, Zinsaufwand, Umsatzerlöse, Provisionserträge, Gewinn- und Verlustkonto

Geschäftsvorfälle:	€
1. Banküberweisung für:	
– Miete	8300,00
– Gewerbesteuer	4500,00
2. Wareneinkauf	
netto	12000,00
+ 19% USt	2280,00
gegen: – Barzahlung	1860,00
– Bankscheck	8000,00
– Postbankscheck	4420,00
3. Gehaltszahlung durch Postbanküberweisung	7000,00
4. Banküberweisung an unseren Lieferer	3000,00
5. Warenverkäufe auf Ziel	
netto	19200,00
+ 19% USt	3648,00
6. Ein Kunde begleicht seine Rechnung durch Banküberweisung	7300,00
7. Zinslastschrift unserer Bank	800,00
8. Kauf eines Schreibtisches gegen Bankscheck	
netto	3700,00
+ 19% USt	703,00
9. Gutschrift von Zinserträgen auf unserem Postbankkonto	5800,00

Abschlussangaben:
1. Zahllast:
   a) Ermittlung der Zahllast
   b) Abführen der Zahllast durch Banküberweisung
2. Warenendbestand lt. Inventur: 51500,00

7 Organisation der Buchführung

Situation

Auf Florians Frage, wie man sich denn bei all den unterschiedlichen Konten noch auskennen soll, antwortet Herr Barth, dass es in der Buchführung eine Ordnung bzw. einen Plan – ähnlich einem Stadtplan – gibt, der den Buchhalter zu dem entsprechenden Konto „lotst".

Handlungsaufträge

1. *Überlegen Sie, wie eine solche Ordnung bzw. ein solcher Plan aufgebaut sein könnte.*
2. *Erklären Sie, warum es eine solche Grundordnung für sämtliche Unternehmen einer solchen Branche geben sollte.*
3. *Führen Sie ab sofort Buchungen mithilfe des beiliegenden Kontenplans durch.*

7.1 Notwendigkeit der Ordnung aller Konten

Wie wir bereits gesehen haben umfasst die Buchführung eines Kaufmanns eine Vielzahl von Konten. Um die Übersicht zu behalten, wurden von den Wirtschaftsverbänden für alle Betriebe der gleichen Art einheitliche Kontenrahmen aufgestellt, so z. B. für die Industrie, die Speditionsbetriebe, den Groß- und Einzelhandel, das Handwerk usw.

Aufgabe dieses Kontenrahmens ist es:
- eine klare Übersicht über alle Konten und eine einheitliche Bezeichnung der Konten zu schaffen,
- sämtliche Aufwendungen und Erträge zu erfassen und somit eine genaue Kostenrechnung (Kalkulation) zu gewährleisten,
- die Geldbewegungen des Betriebes zu überwachen,
- die Vergleichbarkeit gleichartiger Betriebe zu ermöglichen.

Tipp

Da die Fachkräfte für Lagerwirtschaft sowohl im Handel als auch in der Industrie ausgebildet werden, existiert für diesen Ausbildungsberuf kein verbindlich vorgeschriebener Kontenrahmen.

Um die Schüler dennoch mit dem System des Kontenrahmens vertraut zu machen, wurde diesem Schulbuch der für Baden-Württemberg vorgeschriebene Schulkontenrahmen des Großhandels zugrunde gelegt.

Kernwissen

- Jede Branche hat einen eigenen Kontenrahmen, der von den jeweiligen Wirtschaftsverbänden aufgestellt wird.
- Der Kontenrahmen ermöglicht eine Übersicht über alle Konten.
- Durch die einheitliche Bezeichnung der Konten wird die Vergleichbarkeit von Betrieben der gleichen Branche ermöglicht.

7.2 Aufbau und Inhalt des Großhandelskontenrahmens

Der 1988 vom Bundesverband des Deutschen Groß- und Außenhandels e. V. (BGA) herausgegebene Großhandelskontenrahmen – der diesem Buch zugrunde liegt – ist nach dem Zehnersystem (dekadischen System) aufgebaut.

Nach diesem System werden die Konten zunächst in 10 Kontenklassen (0 bis 9) eingeteilt, wobei die Kontenklasse 9 der Kosten- und Leistungsrechnung vorbehalten bleibt.

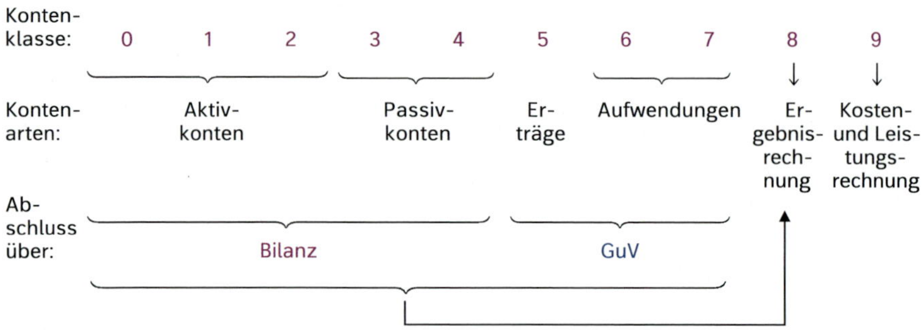

Inhalt des Kontenrahmens

Kontenklasse	Inhalt			
0 1	Immaterielle Vermögensgegenstände und Sachanlagen Finanzanlagen	AV	Aktiva	Bilanz
2	Umlaufvermögen und aktive Rechnungsabgrenzung	UV		
3 4	Eigenkapital, Wertberichtigungen und Rückstellungen Verbindlichkeiten und passive Rechnungsabgrenzung		Passiva	
5	Erträge		Erträge	GuV
6 7	Betriebliche Aufwendungen Weitere Aufwendungen		Aufwendungen	
8	Ergebnisrechnung			
9	Kosten- und Leistungsrechnung			

Jede der aufgeführten Kontenklassen lässt sich danach in 10 **Kontengruppen**, jede Kontengruppe in 10 **Kontenarten** und jede Kontenart in 10 **Kontenunterarten** untergliedern.

Beispiel

Konten-Nr.	Konto
2001	Bezugskosten

Die oben angeführten Konten sind durchgängig nach dem Abschlussgliederungsprinzip organisiert, d. h.,

1. die Kontenklassen 0 bis 4 enthalten die Bestandskonten und werden über die Schlussbilanz abgeschlossen;

Bestandskonten				
Kontenklassen				
0	1	2	3	4
Aktivkonten			**Passivkonten**	
Anlagevermögen		Umlaufvermögen	Eigenkapital	Verbindlichkeiten

Schlussbilanz

Aktiva	Passiva
Anlagevermögen	Eigenkapital
Umlaufvermögen	Verbindlichkeiten

2. die Kontenklassen 5 bis 7 weisen die Erfolgskonten aus, die über die Gewinn- und Verlustrechnung abgeschlossen werden.

Erfolgskonten		
Kontenklassen		
5	6	7
Ertragskonten	**Aufwandskonten**	

GuV

Aufwendungen	Erträge
Aufwandskonten	Ertragskonten

Kernwissen

- Der Kontenrahmen ist in 10 Kontenklassen eingeteilt.
- Die Kontenklassen 0–4 enthalten die Bestandskonten und werden über die Schlussbilanz abgeschlossen.
- Die Kontenklassen 5–7 enthalten die Erfolgskonten und werden über die Gewinn- und Verlustrechnung abgeschlossen.

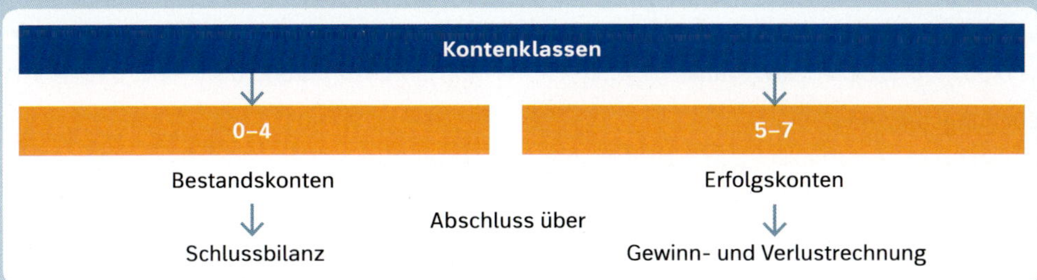

7.3 Vom Kontenrahmen zum Kontenplan

Während der Kontenrahmen die einheitliche Grundordnung einer bestimmten Wirtschaftsbranche festlegt, ermöglicht der Kontenplan das Eingehen auf die besonderen

Belange der einzelnen Betriebe, d. h., der Kontenplan enthält demnach die im jeweiligen Unternehmen geführten Konten.
Nachfolgende Darstellung soll diesen Zusammenhang anhand unseres Beispiels „2001 Bezugskosten“ verdeutlichen.

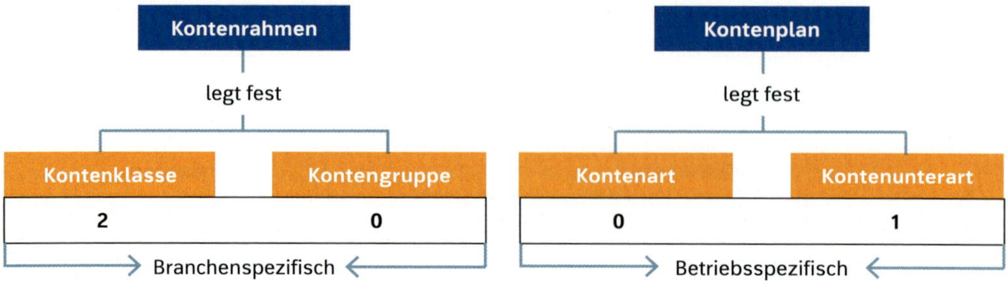

Kernwissen

- Der Kontenrahmen legt die einheitliche Grundordnung – die Kontenklassen und Kontengruppen – eines bestimmten Wirtschaftsbereiches (Branche) fest.
- Der Kontenplan bezieht sich auf die einzelne Unternehmung, d. h., jeder Betrieb kann die Kontenarten und Kontenunterarten frei belegen.

7.4 Die Buchung nach dem Kontenplan

Die Nummerierung der einzelnen Konten ermöglicht den Unternehmen eine wesentlich vereinfachte Buchungsarbeit. So genügt zur Angabe des Buchungssatzes lediglich die Nennung der entsprechenden Kontennummer, d. h., die Kontenbezeichnungen werden durch Kontennummern ersetzt.

Musteraufgabe

Verbuchen Sie nachfolgenden Geschäftsvorfall:
Barabhebung von unserem Bankkonto 3000,00 €

Musterlösung

Buchungssatz alt:

Kasse	3000,00	
an Bank		3000,00

Buchungssatz neu:

282 Kasse	3000,00	
an 280 Bank		3000,00

oder einfach:

282	3000,00	
an 280		3000,00

Gelegentlich wird der Buchungssatz noch weiter verkürzt, sodass man nur noch angibt:

282/280	3000,00

Lösungsschritte

1. Überlegen, welche Konten durch den Geschäftsvorfall angesprochen werden.
2. Heraussuchen der entsprechenden Kontennummer aus dem Kontenrahmen/Kontenplan.
3. Bildung des vereinfachten Buchungssatzes.

Kernwissen

- In Zukunft werden bei Buchungssätzen die Kontennummern den Kontenbezeichnungen vorangestellt, z. B. 280 Bank.
- In der Praxis ersetzen Kontennummern häufig die Kontenbezeichnungen.

Übungsaufgaben

1. Suchen Sie zu nachfolgenden Konten die entsprechenden Kontennummern aus dem Kontenplan:

- Verbindlichkeiten
- Bank
- Grundstücke
- Mietaufwendungen
- Kasse
- Umsatzerlöse
- Umsatzsteuer (MwSt.)
- Gehälter
- Abschreibungen auf Anlagen
- Forderungen
- Vorsteuer
- Zinserträge
- Waren
- Maschinen
- Postgebühren
- Fuhrpark

2. Suchen Sie zu den angegebenen Kontennummern die entsprechenden Kontenbezeichnungen:

- 087
- 680
- 613
- 41
- 240
- 541
- 480
- 687
- 500
- 050
- 260
- 702

3. Bestimmen Sie die den vereinfachten Buchungssätzen zugrunde liegenden Geschäftsvorfälle:

- 282/280
- 670/281
- 240/500+480
- 281/084+480
- 480/280
- 280/571
- 200+260/44
- 085+260/280

4. *Bilden Sie unter Angabe der Kontennummern und Kontenbezeichnungen die Buchungssätze für nachfolgende Geschäftsvorfälle:*

		€
1.	**Warenverkauf auf Ziel**	
	netto	**4000,00**
	+ 19% USt	**760,00**
2.	**Gehaltszahlungen bar**	**12500,00**
3.	**Banküberweisung an unseren Lieferer**	**7600,00**
4.	**Banküberweisung der:**	
	– Geschäftsmiete	**4200,00**
	– Kfz-Steuer	**780,00**
5.	**Verkauf eines gebrauchten Lkw gegen Barzahlung**	
	netto	**17000,00**
	+ 19% USt	**3230,00**
6.	**Wareneinkauf auf Ziel**	
	netto	**8600,00**
	+ 19% USt	**1634,00**
7.	**Teilrückzahlung unseres Darlehens durch Banküberweisung**	**20000,00**
8.	**Zinsgutschrift unserer Bank**	**2600,00**
9.	**Banküberweisung unseres Kunden**	**9500,00**
10.	**Banküberweisung an unseren Lieferer**	**9890,00**
11.	**Barkauf von Kopierpapier**	
	netto	**300,00**
	+ 19% USt	**57,00**
12.	**Postbanküberweisung für unsere Werbeanzeige**	
	netto	**800,00**
	+ 19% USt	**152,00**
13.	**Kauf eines Gabelstaplers auf Ziel**	
	netto	**40000,00**
	+ 19% USt	**7600,00**
14.	**Warenverkauf**	
	netto	**25000,00**
	+ 19% USt	**4750,00**
	gegen: – Barzahlung	**8000,00**
	– Scheckzahlung	**10000,00**
	– Rest auf Ziel	**?**
15.	**Kauf eines Schreibtischstuhles auf Ziel**	
	netto	**1400,00**
	+ 19% USt	**266,00**
16.	**Banküberweisung für:**	
	– Büromaterial	**800,00**
	– Benzinrechnung	**450,00**
	– Reisekosten	**600,00**
	– Verbandsbeiträge	**320,00**
	– Leasinggebühren	**1200,00**
17.	**Ein Kunde leistet eine Abschlagszahlung durch Bankscheck**	**4000,00**
18.	**Banküberweisung der Zahllast an das Finanzamt**	**8200,00**

8 Personalaufwendungen

WSP

Situation

Martin Lenz, ein Arbeitskollege von Florian, der nach seiner Ausbildung zur Fachkraft für Logistik im Bereich Kommissionierung übernommen wurde, staunt nicht schlecht: Als er seine erste ***Gehaltsabrechnung*** *erhielt, klaffte doch eine gewaltige Lücke zwischen dem im Arbeitsvertrag vereinbarten Gehalt und dem ausgezahlten Betrag. „Kannst du mir erklären, was da wohl schiefgelaufen ist?", fragt er Florian.*

Handlungsaufträge

1. *Erklären Sie, wie es zu diesem Fehlbetrag zwischen vereinbartem und ausgezahltem Gehalt kommen kann.*
2. *Erläutern Sie, welche Abzüge von jedem Arbeitnehmer zu leisten sind.*
3. *Warum werden die Lohn- bzw. Gehaltserhöhungen von den Arbeitgebern nicht sehr positiv gesehen?*
4. *Führen Sie die Lohn- und Gehaltsverbuchungen durch und erklären Sie deren Auswirkung auf den Erfolg des Unternehmens.*

8.1 Grundlagen der Lohn- und Gehaltsabrechnungen

Als eine der wesentlichsten Aufwendungsarten der Unternehmen sind die Personalkosten anzusehen, die als Entgelt für die den Unternehmen zur Verfügung gestellte Arbeitskraft an die Arbeitnehmer ausgezahlt werden. Daraus ergibt sich die besondere Bedeutung der Position **„Personalkosten"** – stellen sie doch für den Betrieb „Aufwendungen", für die Arbeitnehmer jedoch „Einkommen" dar. Die an die Arbeiter gezahlten Vergütungen bezeichnet man als **Löhne**, die an die Angestellten als **Gehälter**.

Merke

Löhne und Gehälte sind
– für die Arbeitgeber → Aufwendungen
– für die Arbeitnehmer → Einkommen

Allgemein versteht man unter *Personalkosten* alle Zahlungen, die den Arbeitnehmern für ihre Arbeitsleistung zustehen. Darin enthalten sind u. a.:

- Arbeitslöhne
- Überstundenlöhne
- Zulagen
- Zuschläge
- Aufwandsentschädigungen
- Gratifikationen

Die aufgeführten Einkünfte unterliegen gemäß § 1 Einkommensteuergesetz (EStG) der Lohn- bzw. Einkommensteuer. Arbeitgeber sind per Gesetz verpflichtet, die vom Arbeitnehmer zu zahlenden Steuern und Beiträge einzubehalten und an die verschiedenen Träger abzuführen.

Merke

	Bruttolöhne
–	*Abzüge*
=	*Nettolöhne*

Die vom Bruttolohn abzuführenden Beträge lassen sich einteilen in:

Abzüge	
steuerpflichtige Abzüge	**sozialversicherungspflichtige Abzüge**
▪ Lohn- oder Einkommensteuer ▪ Kirchensteuer ▪ Solidaritätszuschlag	▪ Krankenversicherungsbeiträge ▪ Rentenversicherungsbeiträge ▪ Arbeitslosenversicherungsbeiträge ▪ Pflegeversicherungsbeiträge

Steuerpflichtige Abzüge

1. *Lohnsteuer (LSt)*
   Mit der Lohnsteuer werden Einkünfte aus nicht selbstständiger Arbeit besteuert. Die Steuerhöhe richtet sich dabei nach:
   - der Höhe des Lohns/Gehalts
   - der Steuerklasse (diese ist abhängig von persönlichen Merkmalen wie z. B.:
     - Familienstand
     - Kinderzahl)
   - eingetragenen Freibeträgen

Tipp

Aufgrund bestehender gesetzlicher Regelungen ist ein Teil der Einkünfte aus nicht selbstständiger Arbeit jedoch steuerfrei.

2. *Kirchensteuer (KiSt)*
   Sie ist nur von denjenigen Arbeitnehmern zu zahlen, die einer steuererhebenden Religionsgemeinschaft angehören. Der Kirchensteuersatz ist nicht bundeseinheitlich und beträgt je nach Bundesland zwischen 8 % bis 9 % der Lohnsteuer. Die Kirchensteuer wird zusammen mit der Lohnsteuer vom Arbeitgeber einbehalten und an das Finanzamt abgeführt.

3. *Solidaritätszuschlag (SolZ)*
   Er ist fast von jedem lohn- bzw. einkommensteuerzahlenden Arbeitnehmer zu entrichten und beträgt zz. 5,5 % der Lohn- bzw. Einkommensteuer.

Sozialversicherungspflichtige Abzüge

WSP Per Gesetz sind alle Arbeitnehmer verpflichtet, in folgende Zweige der **Sozialversicherung** einzuzahlen:

1. Krankenversicherung
2. Rentenversicherung
3. Arbeitslosenversicherung
4. Pflegeversicherung

Die Beiträge zu den aufgeführten Zweigen der Sozialversicherung, die von Arbeitgebern und Arbeitnehmern **jeweils zur Hälfte** (Ausnahme: Kinderlosenzuschlag ab dem 23. Lebensjahr bei der Pflegeversicherung) zu tragen sind, werden zu einem Gesamtversicherungsbeitrag zusammengefasst und an die Krankenkassen überwiesen. Die Beiträge zur Unfallversicherung sowie die Beiträge für Geringverdiener muss der Arbeitgeber in voller Höhe zahlen.

Die Höhe der Sozialversicherungsbeiträge richtet sich nach:
1. dem Arbeitsentgelt
2. der Höhe der Beitragsbemessungsgrenze
3. der Zugehörigkeit der Arbeitnehmer zu einzelnen oder allen Zweigen der Sozialversicherung

Kernwissen

- Alle Arbeitnehmer, die Einkünfte aus nicht selbstständiger Arbeit beziehen, sind lohnsteuerpflichtig.
- Die Höhe der Lohnsteuer ist abhängig von der Höhe des Arbeitsentgelts und persönlicher Steuermerkmale.
- Kirchensteuerpflichtig ist jeder, der einer steuererhebenden Religionsgemeinschaft angehört.

8.2 Die Verbuchung von Löhnen und Gehältern

Bei den Bruttolöhnen und Bruttogehältern handelt es sich um die **Aufwandskonten**

62 Löhne und 63 Gehälter,

die grundsätzlich im **Soll** erfasst werden. Darüber hinaus werden durch die Abzüge folgende Konten im **Haben** berührt:

1. *für steuerpflichtige Abzüge*

   483 FB-Verbindlichkeiten
   (Sonstige Verbindlichkeiten gegenüber Finanzbehörden)

   Über dieses Konto sind die einbehaltenen Lohn- und Kirchensteuern sowie der Solidaritätszuschlag zu verbuchen.

2. *für sozialversicherungspflichtige Abzüge*

   484 SV-Verbindlichkeiten
   (Verbindlichkeiten gegenüber Sozialversicherungsträgern)

   Auf dieses Konto werden zunächst die vom Arbeitnehmer aufzubringenden Beiträge zur Sozialversicherung verbucht.

Der **Arbeitgeberanteil** zur Sozialversicherung ist als zusätzlicher **Aufwand** im **Soll** auf dem Konto

640 Arbeitgeberanteil zur Sozialversicherung

zu erfassen und auf dem Konto „484 SV-Verbindlichkeiten“ gegenzubuchen.

Notwendige Buchungssätze bei der Lohn-/Gehaltsverbuchung:

1. Überweisung des insgesamt zu leistenden Sozialversicherungsbeitrags

   Hinweis: Der Arbeitgeber ist verpflichtet, den gesamten Sozialversicherungsbetrag bis zum drittletzten Bankarbeitstag an die Krankenkassen abzuführen.

   Buchungssatz

484	SV-Verbindlichkeiten
an	280 Bank

2. Buchung der Lohn-/Gehaltszahlung

   Buchungssatz

62	Löhne
an	280 Bank
	483 FB-Verbindlichkeiten
	484 SV-Verbindlichkeiten

3. Buchung des Arbeitgeberanteils zur Sozialversicherung

   Buchungssatz

640	Arbeitgeberanteil
an	484 SV-Verbindlichkeiten

4. Buchung der Überweisung der einbehaltenen Steuer

   Buchungssatz

483	FB-Verbindlichkeiten
an	280 Bank

Darstellung der Lohn- bzw. Gehaltsaufspaltung

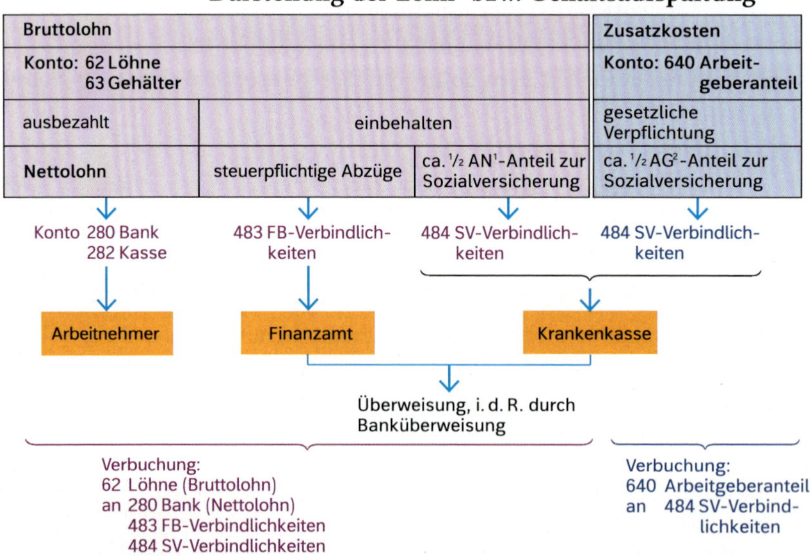

[1] *AN = Arbeitnehmer*

[2] *AG = Arbeitgeber*

Musteraufgabe

Der ledige Lagermeister Antonio Ausanio bezieht einen Bruttolohn von 3 800,00 €, der gemäß Steuerklasse I zu versteuern ist. Nach Abzug der Lohn- und Kirchensteuer sowie des Arbeitnehmerbeitrags zur Sozialversicherung erhält Herr Ausanio ein Nettogehalt von 2 308,32 € auf seinem Konto gutgeschrieben.

1. Verbuchen Sie die Lohnzahlung, wenn Herr Ausanio folgende Lohnaufstellung für den Monat Mai erhält:

Name	Steuerklasse	Bruttolohn	Abzüge				Gesamtabzüge	Nettolohn
			LSt[1]	KiSt[2]	SolZ[3]	SV[4]		
Ausanio	I/0	3 800,00	649,08	51,92	48,68	742,00	1 491,68	2 308,32

2. Verbuchen Sie den Arbeitgeberanteil zur Sozialversicherung.
3. Die einbehaltenen Abzüge werden am 10. des Folgemonats durch Banküberweisung abgeführt.

Musterlösung

a) **Buchungssätze**

1.	484	SV-Verbindlichkeiten	1 484,00	
	an	280 Bank		1 484,00
1.	62	Löhne	3 800,00	
	an	280 Bank		2 308,32
		483 FB-Verbindlichkeiten		749,68
		484 SV-Verbindlichkeiten		742,00
3.	640	Arbeitgeberanteil	742,00	
	an	484 SV-Verbindlichkeiten		742,00
4.	483	FB-Verbindlichkeiten	749,68	
	an	280 Bank		749,68

b) **Verbuchen auf T-Konten (Hauptbuch):**

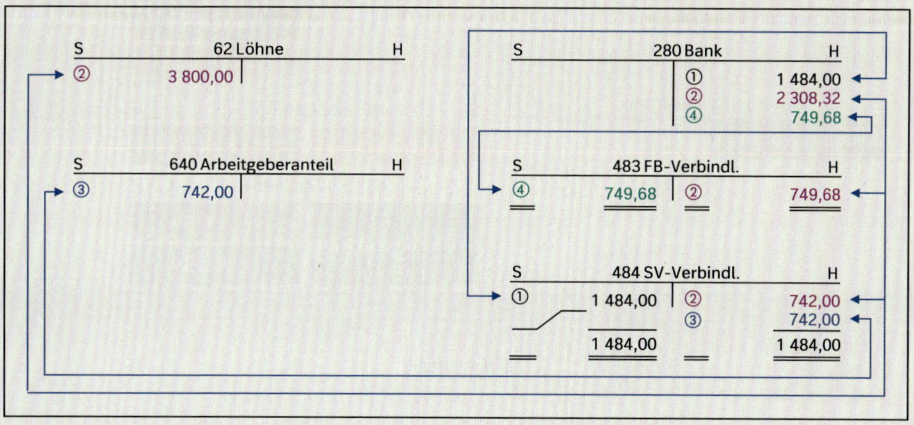

Lösungsschritte

1. Verbuchung der Vorauszahlung der Sozialversicherungsbeiträge
   Wobei gilt: – SV-Verbindl. = Abnahme (da Vorauszahlung) = Soll
   – Bank = Abnahme = Haben
   Hier: 484/280
2. Verbuchung der Lohn-/Gehaltszahlung
   Wobei gilt – Löhne = Aufwendungen = Soll
   – Gegenbuchungen = Haben
   Hier: 62/280 + 484 + 483
3. Verbuchung des Arbeitgeberanteils
   Wobei gilt: – Arbeitgeberanteil = Aufwendungen = Soll
   – Gegenbuchung = Haben
   Hier: 640/484
4. Überweisung der einbehaltenen Steuer (FB-Verbindlichkeiten
   Wobei gilt: – LSt und KiSt (FB-Verbindl.) = Abnahme = Soll
   – Bank = Abnahme = Haben
   Hier: 483/280

Kernwissen

- Bruttolöhne/-gehälter sowie der Arbeitgeberanteil zur Sozialversicherung stellen für das Unternehmen Aufwendungen dar.
- Der Arbeitgeber ist verpflichtet, den gesamten Sozialversicherungsbetrag bis zum drittletzten Bankarbeitstag an die Krankenkassen und die einbehaltenen Steuern spätestens bis zum 10. des Folgemonats an das Finanzamt abzuführen.
  Beide Positionen stellen für das Unternehmen durchlaufende Posten dar.
- Die für den Monat Dezember einbehaltenen Abzüge sind am Jahresende auf der Passivseite der Bilanz auszuweisen (zu passivieren).

Schematische Darstellung der Lohn- bzw. Gehaltsverbuchung

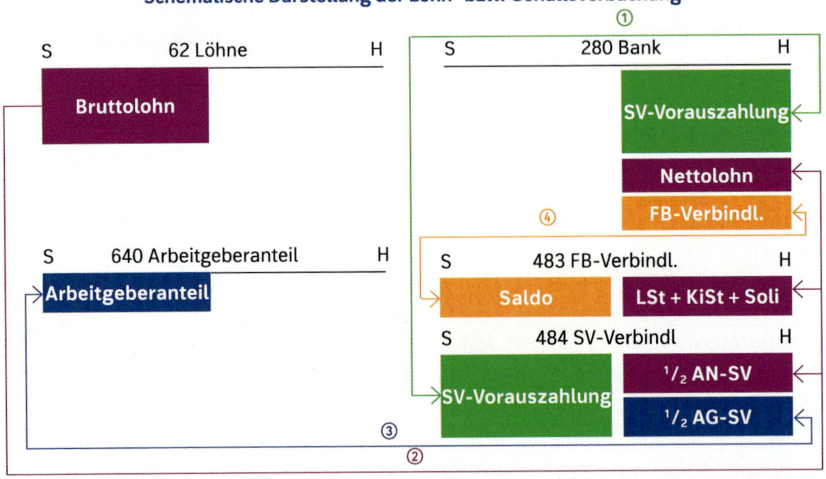

Buchungssätze:
① 484/280
② 62/280+483+484
③ 640/484
④ 483/280

Übungsaufgaben

1. Verbuchen Sie nachfolgende Gehaltszahlungen an unseren Mitarbeiter Alfred Becker.

Gehaltsabrechnung
März 20..
Abteilung: Lager

Autohaus Transport Mannheim AG

Autohaus Transport Mannheim AG,
Rheinstraße 12, 68165 Mannheim

Herrn
Alfred Becker
In den Schneidergärten 17
68564 Schwetzingen

Tel.: 0621 3744-0
Fax: 0621 374418
E-Mail AutoTrans@t-online.de

Geburtsdatum	KV	PV	RV	AV	Versicherungs-Nr.
14.10.1980	0	0	2	1	03076176
Eintrittsdatum	Steuernummer		Kinder	Kirche	Freibetrag monatl.
02.01.20..	1		0	0	–
Bank					
Stadtsparkasse Schwetzingen					
IBAN		BIC		Personalnummer	
DE60 6067 0561 0100 6745 21		SOLABIST540		0349	

Bezeichnung	bezahlte Stunden	Stundensatz	Abzüge in Euro	Beträge in Euro
Stundenlohn	179,00	20,00		3580,00
Steuerrechtliche Abzüge				
* Lohnsteuer			577,50	
* Kirchensteuer			46,20	
* Solidaritätszuschlag			31,76	655,46
Sozialversicherungsrechtliche Abzüge				
* KV-Beitrag			232,70	
* PV-Beitrag			30,43	
* RV-Beitrag			363,37	
* AV-Beitrag			116,35	742,85
Auszahlungsbetrag				2181,69

2. Verbuchen Sie nachfolgende Lohnzahlung einschließlich der zu entrichtenden SV-Vorauszahlung.

Wir bezahlen Löhne durch Banküberweisung

Bruttolohn		**2475,00 €**
▪ **Lohnsteuer**	**470,25 €**	
▪ **Kirchensteuer**	**37,62 €**	
▪ **Sozialversicherungsbeitrag**	**439,31 €**	**947,18 €**
Nettolohn		**1527,82 €**
Arbeitgeberanteil zur Sozialversicherung		**439,31 €**

3. ***Verbuchen Sie nachfolgende Geschäftsvorfälle.*** **€**

1. Wir überweisen per Bankscheck die Sozialversicherungsbeiträge in Höhe von		***21 186,00***
2. Gehaltszahlung aufgrund einer Gehaltsliste durch Banküberweisung		
Bruttogehalt		***63 750,00***
– Lohn-, Kirchensteuer und Solidaritätszuschlag	***19 260,00 €***	
– Sozialversicherungsbeitrag	***10 593,00 €***	***29 853,00***
Nettogehalt		***33 897,00***
3. Arbeitgeberanteil zur Sozialversicherung		***10 593,00***
4. Die einbehaltenen Steuerbeträge werden durch Banküberweisung beglichen		***19 260,00***

4. ***Verbuchen Sie folgende Gehaltsabrechnung unserer Mitarbeiterin Manuela Jaus:***

Name	Steuer-klasse	Brutto-lohn	Abzüge		Gesamt-abzüge	Netto-lohn
			LSt, KiSt, SolZ	SV		
Jaus	I/0	4 200,00	907,20	787,50	1 694,70	2 505,30

FR **5.** ***Ihnen liegt nachfolgender Auszug der Gehaltsliste für den Monat Mai einer kleinen Spedition vor:***

Gehalts-summe	Brutto-gehälter	Abzüge vom Gehalt			Netto-gehälter	AG-Anteil Sozialvers.
		LSt u. KiSt	Sozialvers.	gesamt		
	17 000,00	2 540,00	3 400,00	?	?	?

1. ***Ermitteln Sie die Netto-Gehälter und den Arbeitgeberanteil zur Sozialversicherung.***
2. ***Buchen Sie die Gehaltsüberweisung und den Arbeitgeberanteil.***
3. ***Verbuchen Sie die Banküberweisung der einbehaltenen Steuer im folgenden Monat.***

6. ***Bilden Sie zu nachfolgenden Geschäftsvorfällen die Buchungssätze.*** **€**

1. Wareneinkauf auf Ziel		
netto		***17 800,00***
+ 19 % USt		***3 382,00***
2. Postbanküberweisung der Telefongebühren		***1 200,00***
3. Gehaltszahlung durch Banküberweisung		
Bruttogehalt		***7 800,00***
– LSt, KiSt und SolZ	***1 900,00 €***	
– SV-Beiträge	***1 750,00 €***	***3 650,00***
Nettogehalt		***4 150,00***
Arbeitgeberanteil zur Sozialversicherung		***1 750,00***
4. Die einbehaltene Steuer wird durch Banküberweisung an das Finanzamt abgeführt:		***1900,00***
5. Warenverkauf auf Ziel		
netto		***6 000,00***
+ 19 % USt		***1 140,00***
6. Banküberweisung für Büromaterial		
netto		***400,00***
+ 19 % USt		***76,00***

8.3 Die Verbuchung von Lohn- und Gehaltsvorschüssen

Vorschüsse sind bereits vor der nächsten Lohn- bzw. Gehaltszahlung an Mitarbeiter ausgezahlte Beträge, die auf dem Konto

265 Forderungen an Mitarbeiter

im Soll erfasst werden und den Charakter eines kurzfristigen Kredites an den Arbeitnehmer, der seine Arbeitsleistung noch nicht vollständig erbracht hat, haben. Die Gegenbuchung ist auf dem entsprechenden Auszahlungskonto im Haben durchzuführen.

Buchungssatz

265 Forderungen an Mitarbeiter
an 282 Kasse

Am Monatsende werden diese Forderungen an unsere Mitarbeiter mit der nächsten Lohn- bzw. Gehaltszahlung verrechnet.

Merke

	Bruttolohn
–	*Abzüge*
	Nettolohn
–	*Vorschuss*
=	*Auszahlungsbetrag*

Musteraufgabe

Unser Mitarbeiter Herr Helmut Schmohl erhält am 24. Juni 20.. einen Vorschuss in Höhe von 400,00 € bar ausbezahlt.

1. Verbuchen Sie die Vorschusszahlung am 24. Juni 20.. .
2. Berechnen Sie den Auszahlungsbetrag.
3. Verbuchen Sie die Lohnzahlung am Monatsende.

Musterlösung

a) **Buchungssätze:**

1.	265 Forderungen an Mitarbeiter	400,00	
	an 282 Kasse		400,00

2. **Berechnung des Auszahlungsbetrages**

	Bruttolohn	3 800,00 €
–	LSt, SolZ	836,00 €
–	KiSt	66,88 €
–	SV-Beträge	742,00 €
	Nettolohn	2 155,12 €
–	Vorschuss	400,00 €
	Auszahlungsbetrag	1 755,12 €

3.	62 Löhne	3800,00	
	an 280 Bank		1755,12
	483 FB-Verbindlichkeiten		902,88
	484 SV-Verbindlichkeiten		742,00
	265 Forderung an Mitarbeiter		400,00

b) **Verbuchung auf T-Konten (Hauptbuch):**

S	282 Kasse		H
		①	400,00

S	265 Forderungen an Mitarbeiter		H
①	400,00	③	400,00

S	62 Löhne		H
③	3 800,00		

S	280 Bank		H
		③	1 755,12

S	483 FB-Verbindlichkeit		H
		③	902,88

S	484 SV-Verbindlichkeit		H
		③	742,00

Lösungsschritte

1. Verbuchung des Vorschusses.
   Hier: 265/282
2. Berechnung des Auszahlungsbetrages.
   Wobei gilt: Auszahlungsbetrag = Nettolohn – Vorschuss
3. Verbuchung der Lohn- und Gehaltszahlung unter Berücksichtigung des Vorschusses.
   Hier: 62/280 + 483 + 484 + 265

Kernwissen

- Vorschüsse werden von Unternehmensseite als kurzfristige Kredite gegenüber den Mitarbeitern angesehen.
- Vorschüsse mindern den Auszahlungsbetrag des nächsten Monats.

Übungsaufgaben

1. Bilden Sie die Buchungssätze zu folgenden Geschäftsvorfällen. **€**

1. Gehaltsvorschuss bar an unseren Mitarbeiter Herrn Dieter Mott am 17. Juni 20.. — 500,00
2. Die zu entrichtenden SV-Beiträge werden durch Banküberweisung am 28. Juni abgeführt.
3. Gehaltszahlung am 30. Juni 20.. an Herrn Mott durch Banküberweisung

Bruttogehalt		4 000,00
– LSt, SolZ	1 140,00 €	
– KiSt	91,20 €	
– SV-Beiträge	684,00 €	1 915,20
Nettobetrag		2 084,80
– Vorschuss		500,00
Überweisungsbetrag		1 584,80

4. Arbeitgeberanteil zur Sozialversicherung — 684,00
5. Banküberweisung der einbehaltenen Steuer an das Finanzamt — 1 231,20

2. Verbuchen Sie folgende Geschäftsvorfälle.

1. Zahlung eines Lohnvorschusses durch Banküberweisung in Höhe von 350,00 €.
2. Lohnabrechnung am Monatsende unter Berücksichtigung des Vorschusses.

Bruttolohn	Abzüge vom Gehalt			Gesamtabzüge	Nettolohn	Vorschuss	Auszahlungsbetrag
	LSt, SolZ	KiSt	SV				
2 700,00	513,00	41,04	486,00	1 040,04	1 659,96	350,00	1 309,96

3. Die Fachkraft für Lagerlogistik Daniel Unger arbeitete im vergangenen Monat 148 Stunden im Zeitlohn. Der Stundenlohnsatz betrug 14,50 €.

a) Ermitteln Sie den Bruttoverdienst von Herrn Unger.

b) Vom Bruttolohn entfallen bei Herrn Unger 22 % auf Lohnsteuer und 19,5 % auf sozialversicherungspflichtige Abzüge. Der Kirchensteuersatz beträgt 8 % von der Lohnsteuer. Die Lohnzahlung an Herrn Unger erfolgt durch Banküberweisung. Verbuchen Sie die Lohnzahlung einschließlich der SV-Vorauszahlung sowie den Arbeitgeberanteil zur Sozialversicherung.

c) Wie wäre zu buchen, wenn Herr Unger während des Monats bereits einen Vorschuss von 350,00 € erhalten hätte?

d) Verbuchen Sie die Abführung der einbehaltenen Steuer an das Finanzamt durch Banküberweisung.

				€
4.	**Verbuchen Sie nachfolgende Geschäftsvorfälle.**			
	1.	**Verkauf eines gebrauchten Pkw**		
		Buchwert		**23000,00**
		+ 19 % USt		**4370,00**
		gegen: – Barzahlung		**5000,00**
		– Scheckzahlung		**10000,00**
		– Rest auf Ziel		**?**
	2.	**Wareneinkauf auf Ziel**		
		netto		**7000,00**
		+ 19 % USt		**1330,00**
	3.	**Gehaltsvorschuss bar**		**500,00**
	4.	**Zinslastschrift unserer Bank**		**1200,00**
	5.	**Warenverkauf gegen Banküberweisung**		
		netto		**800,00**
		+ 19 % USt		**152,00**
	6.	**Mieteinnahmen bar**		**2800,00**
	7.	**Banküberweisung unseres Kunden**		**1250,00**
	8.	**Gehaltszahlung durch Banküberweisung**		
		Bruttogehalt		**3200,00**
		– LSt, KiSt und SolZ	**640,00 €**	
		– SV-Beiträge	**600,00 €**	**1240,00**
		Nettogehalt		**1960,00**
		– geleisteter Vorschuss		**500,00**
		Auszahlungsbetrag		**1460,00**
		Arbeitgeberanteil zur Sozialversicherung		**600,00**
	9.	**Wir begleichen die Rechnung unseres Lieferers durch Banküberweisung**		**5000,00**
	10.	**Aufnahme eines Darlehens bei der Bank**		**40000,00**
	11.	**Kauf eines neuen Gabelstaplers**		
		netto		**35000,00**
		+ 19 % USt		**6650,00**
		gegen: – Bankscheck		**30000,00**
		– Barzahlung		**10600,00**
	12.	**Überweisung der einbehaltenen Steuer aus Aufgabe 8. durch Banküberweisung**		**?**
	13.	**Banküberweisung der Zahllast für den letzten Monat**		**4200,00**
	14.	**Kauf von Büromaterial bar**		
		netto		**250,00**
		+ 19 % USt		**47,50**

Prüfungsaufgabe

Tipp

Bei der nachfolgenden Aufgabe handelt es sich um eine vertiefende Aufgabe, die sowohl Inhalte aus dem Bereich Buchführung als auch Inhalte aus dem Bereich kaufmännisches Rechnen und allgemeine Betriebswirtschaftslehre miteinander verknüpft und somit Prüfungscharakter für Baden-Württemberg besitzen könnte.

1. Die Stahlrohren GmbH mit Sitz in Dortmund beliefert erfolgreich Kunden innerhalb des europäischen Binnenmarktes. Nach einer internen Fortbildung werden Sie seit September in der Lohn- und Gehaltsabrechnung eingesetzt.

a) Ermitteln Sie das Nettogehalt von Frau Döringer, 25 Jahre, wenn Ihnen exemplarisch die nachfolgenden Unterlagen (Anlagen 1–6) zur Verfügung stehen.

b) Verbuchen Sie die Gehaltszahlung.

c) Ermitteln Sie den Arbeitgeberanteil und verbuchen Sie diesen.

d) Am 28. Juni werden die Sozialversicherungsbeiträge an die Krankenkassen sowie am 10. des Folgemonats die einbehaltene Steuer durch Banküberweisung beglichen. Bilden Sie die entsprechenden Buchungssätze.

Anlage 1

Anlage 2

Anlage 3

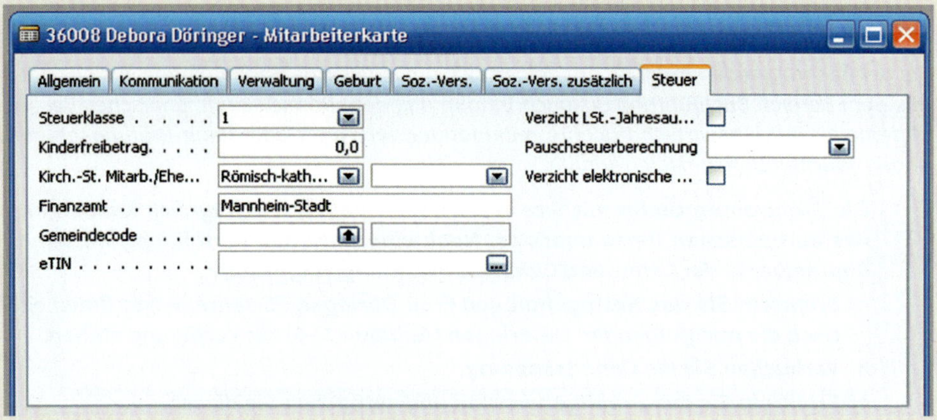

Anlage 4

Exemplarische Monatsgrundentgelte für Beschäftigte im Eisen- und Stahlbereich in Euro, gültig ab 1. Juni 20..:

	Euro
Entgeltgruppe EG 1	1728,00
Entgeltgruppe EG 2	1749,00
Entgeltgruppe EG 3	1770,00
Entgeltgruppe EG 4	1797,00
Entgeltgruppe EG 5	1834,00
Entgeltgruppe EG 6	1882,00
Entgeltgruppe EG 7	1941,00
Entgeltgruppe EG 8	2042,00
Entgeltgruppe EG 9	2207,50
Entgeltgruppe EG 10	2425,50
Entgeltgruppe EG 11	2719,50

Anlage 5

Sozialversicherungsbeiträge

Der durchschnittliche Gesamtversicherungsbeitrag stellt sich seit dem 1. Januar 2020 folgendermaßen da:

	Gesamt	Arbeitnehmer	Arbeitgeber
Rentenversicherung	18,6 %	9,3 %	9,3 %
Krankenversicherung	14,6 %	7,3 %[1]	7,3 %[1]
Arbeitslosenversicherung	2,4 %	1,2 %	1,2 %
Pflegeversicherung (zusätzlich Zuschlag von 0,25 % für Kinderlose ab dem 23. Lebensjahr, der allein von den Versicherten zu tragen ist)	3,05 % (3,30 %)	1,525 % (1,775 %)	1,525 %

[1] *zuzüglich eines kassenindividuellen Zusatzbeitrages, der seit dem 1. Januar 2019 ebenfalls zu gleichen Teilen zwischen AG und AN aufzuteilen ist (Versicherungsvergleiche)*

Anlage 6

Exemplarischer Auszug der Allgemeinen Monats-Lohnsteuertabelle

Kinderfreibetrag			0,0		0,5		1		1,5		2		
ab €	StK	Steuer	SolZ	KiST	SolZ	KiST	SolZ	KiST	SolZ	KiST	SolZ	KiST	SolZ
2034,00													
	I	265,25	14,58	21,22	10,06	15,95	7,53	10,95	0,00	6,20	0,00	2,14	0,00
	II	235,16	12,93	18,81	9,30	13,8B	6,03	8,78	0,00	425	0,00	0,64	0,00
	III	44,16	0,00	3,53	0,00	0,32	0,00	0,00	0,00	0,00	0,00	0,00	0,00
	IV	268,25	14,58	21,22	12,75	18,55	10,96	15,95	9,22	13,42	7,53	10,95	5,76
	V	566,50	31,15	45,32		–	–	–	–	–	–	–	–
	VI	507,33	32,85	47,78		–	–	–	–	–	–	–	–
2037,00													
	I	268,00	14,63	21,28	11,01	16,02	7,56	11,00	0,05	6,26	0,00	2,18	0,00
	II	238,00	12,98	16,38	9,43	13,72	6,07	8,84	0,00	4,30	0,00	0,68	0,00
	II	44,66	0,00	3,57	0,00	0,36	0,00	0,00	0,00	0,00	0,00	0,00	0,00
	IV	268,00	14,63	21,28	12,80	18,82	11,01	16,02	9,26	13,48	7,56	11,00	5,90
	V	567,83	31,23	45,42	–	–	–	–	–	–	–	–	–
	VI	598,50	32,91	47,98	–	–	–	–	–	–	–	–	–
2040,00													
	I	268,83	14,67	21,34	11,05	16,09	7,60	11,06	0,18	6,31	0,00	2,22	0,00
	II	238,75	13,02	18,94	9,48	13,79	6,11	8,89	0,00	4,35	0,00	0,71	0,00
	II	45,16	0,00	3,61	0,00	0,40	0,00	0,00	0,00	0,00	0,00	0,00	0,00
	IV	268,83	14,67	21,34	12,84	18,68	11,05	16,08	9,30	13,54	7,60	11,06	5,95
	V	569,00	31,29	45,52		–	–	–	–	–	–	–	–
	VI	599,83	32,99	47,98		–	–	–	–	–	–	–	–
2043,00													
	I	267,66	14,72	21,41	11,09	16,14	7,64	11,12	0,31	6,36	0,08	2,27	0,00
	II	237,58	13,06	19,00	9,52	13,85	6,15	8,95	0,00	4,40	0,00	0,75	0,00
	II	45,66	0,00	3,65	0,00	0,42	0,00	0,00	0,00	0,00	0,00	0,00	0,00
	IV	267,66	14,72	21,41	12,88	18,74	11,09	16,14	9,35	13,60	7,64	11,12	5,99
	V	570,16	31,35	45,61	–	–	–	–	–	–	–	–	–
	VI	601,00	33,05	48,08	–	–	–	–	–	–	–	–	–
2046,00													
	I	268,50	14,76	21,48	11,13	16,23	7,69	11,18	0,46	6,42	0,00	2,31	0,00
	II	238,33	13,10	19,06	9,56	13,91	6,19	9,00	0,00	4,45	0,00	0,79	0,00
	II	46,33	0,00	3,70	0,00	0,46	0,00	0,00	0,00	0,00	0,00	0,00	0,00
	IV	268,50	14,76	21,48	12,92	18,80	11,13	16,20	9,39	13,66	7,69	11,18	6,03
	V	571,33	31,42	45,70	–	–	–	–	–	–	–	–	–
	VI	602,33	33,12	48,48	–	–	–	–	–	–	–	–	

9 Die Abschreibung der Anlagegüter

Situation

Zur Ausweitung ihrer Aktivitäten kaufte die Spedition und Lagerei Emil Neumann AG, Mannheim, zu Jahresbeginn einen neuen Lastzug, der seit seiner Anschaffung regelmäßig im Skandinavien-Verkehr genutzt wurde.

Um den Kunden die korrekten Transportpreise in Rechnung stellen zu können, ist es nach Aussage des Leiters der RW-Abt., Herrn Albert Barth, unbedingt erforderlich, auch die durch die Abnutzung entstandene Wertminderung des Lastzuges zu berücksichtigen.

Herr Barth fordert Florian daher auf, sich Gedanken über eine korrekte Erfassung der durch die Abnutzung entstandenen Kosten zu machen.

Handlungsaufträge

1. *Erläutern Sie, wodurch es zu einer Wertminderung kommen kann.*
2. *Welche Abschreibungsarten lassen sich unterscheiden?*
3. *Ermitteln Sie die Höhe der Wertminderung bei beiden Abschreibungsverfahren.*
4. *Erklären Sie, wie sich die Abschreibungen auf den Unternehmenserfolg auswirken.*

9.1 Wesen der Abschreibung

Anlagegüter, wie z.B. Gebäude, Maschinen, Fuhrpark und Betriebs- und Geschäftsausstattung, verlieren im Laufe der Zeit an Wert. Verantwortlich für diesen Wertverlust ist:
- die Beanspruchung (durch Gebrauch),
- der natürliche Verschleiß,
- der technische Fortschritt.

Die in der Regel am Geschäftsjahresende erfasste Wertminderung bezeichnet man als **Abschreibung**[1]. Die Abschreibung beginnt mit der Anschaffung des Anlagegutes. Allgemein gilt, dass die Abschreibung nur zeitanteilig – sprich monatsgenau – verrechnet wird, wobei der Monat der Anschaffung mitzuzählen ist.

Die Abschreibung stellt einen **Aufwand** dar und wird auf dem Konto

65 Abschreibungen

im Soll erfasst. Gleichzeitig wird das entsprechende Anlagekonto um den Betrag der Abschreibung im Haben vermindert.

Buchungssatz

65 Abschreibungen
an Anlagekonto, z.B.: 05 Gebäude

Das Aufwandskonto „Abschreibung“ wird am Jahresende über die Gewinn- und Verlustrechnung abgeschlossen.

[1] *Das Steuerrecht spricht von „Absetzung für Abnutzung“ (AfA).*

Buchungssatz

802 Gewinn- und Verlustkonto
an 65 Abschreibungen

Ausnahme:
Eine Ausnahme von der Regel, wonach bewegliche Wirtschaftsgüter des Anlagevermögens über den Zeitraum der Nutzung abzuschreiben sind, bilden die sogenannten **„geringwertigen Wirtschaftsgüter"**. Dabei handelt es sich um bewegliche, abnutzbare und selbstständig bewertbare Anlagegüter, deren Anschaffungspreis zwischen 150,00 € und 1 000,00 € netto beträgt. Diese Wirtschaftsgüter werden in einem Pool (Jahressammelkonto) zusammengefasst und pauschal über 5 Jahre linear mit je 20 % abgeschrieben. Für Gegenstände mit einem Anschaffungswert bis netto 150,00 € gilt weiterhin die Verbrauchsfiktion, d. h., diese Güter können beim Kauf als Sofortaufwand, z. B. als Position ‚Büromaterial' verbucht werden. Anlagegüter mit einem Anschaffungswert von netto 151,00 € bis 410,00 € können entweder als Sofortaufwand gebucht oder alternativ planmäßig über die Nutzungsdauer abgeschrieben werden.

Musteraufgabe

Eine Maschine im Wert von 100 000,00 € soll am Jahresende mit 10 000,00 € abgeschrieben werden.

Verbuchen Sie:
1. die Abschreibung,
2. den Abschluss des Kontos Abschreibung,
3. den Abschluss des Bestandskontos Maschinen.

Musterlösung

a) **Buchungssätze:**

1.	650 Abschreibungen auf Sachanlagen	10 000,00	
	an 071 Maschinen		10 000,00
2.	801 Schlussbilanz	90 000,00	
	an 071 Maschinen		90 000,00
3.	802 GuV	10 000,00	
	an 650 Abschreibungen auf Sachanlagen		10 000,00

b) **Verbuchung auf T-Konten:**

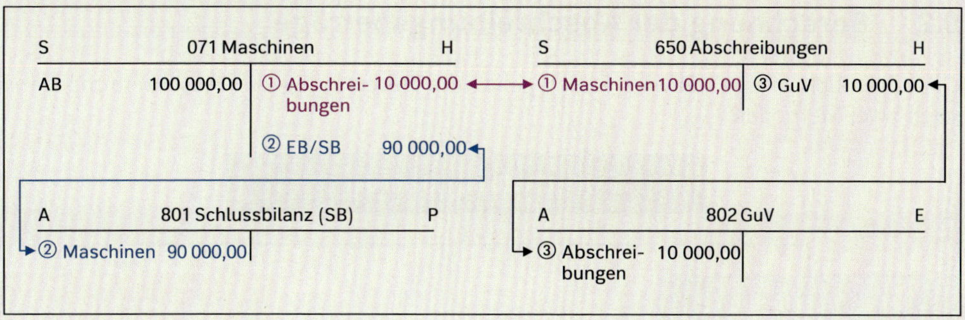

Lösungsschritte

1. Verbuchung der Abschreibung auf dem Anlagekonto.
   Hier: 650 Abschreibungen an 071 Maschinen
2. Abschluss des Bestandskontos Maschinen am Jahresende über die Schlussbilanz.
   Hier: 801 Schlussbilanz an 071 Maschinen
3. Abschluss des Kontos Abschreibungen über das GuV-Konto.
   Hier: 802 GuV an 650 Abschreibungen

Kernwissen

- Abschreibungen erfassen den Wertverlust der Anlagegüter.
- Durch die Abschreibungen werden die Anschaffungskosten auf die Jahre der Nutzung verteilt.
- Abschreibungen sind Aufwendungen, die den Gewinn schmälern.

Schematische Darstellung der Verbuchung der Abschreibung

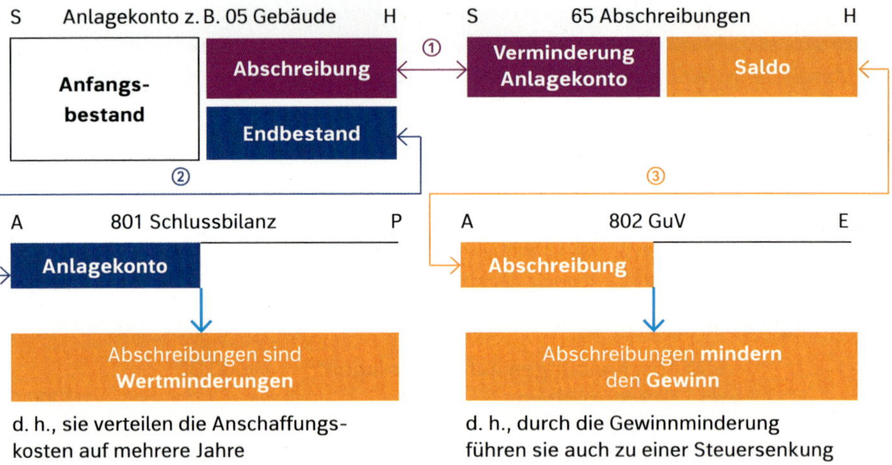

Buchungssätze: ① 65/05
② 801/05
③ 802/05

9.2 Berechnung der Abschreibungsbeträge

Grundsätzlich ermöglicht der Gesetzgeber die Berechnung der Abschreibungsbeträge nach zwei Methoden.

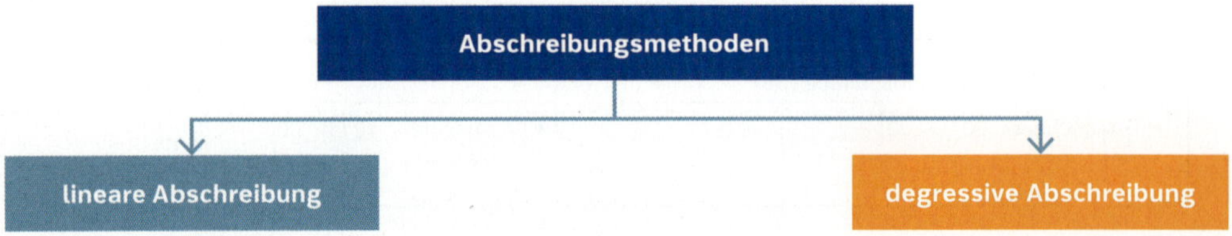

9.2.1 Lineare Abschreibung

Bei der linearen Abschreibung wird immer derselbe Abschreibungssatz vom Anschaffungswert genommen, d.h., die Abschreibungsbeträge sind während der Nutzungsdauer immer gleich hoch, sodass die Anschaffungskosten dadurch gleichmäßig auf die Jahre der Nutzung verteilt werden.

Berechnung der Abschreibungsquote (-satz):

FR

Merke

$$\text{jährliche } \textbf{Abschreibungsquote} = \frac{100\,\%}{\text{Nutzungsdauer}}$$

Berechnung der Abschreibungshöhe:

Merke

$$\text{jährliche Abschreibungshöhe} = \frac{\text{Anschaffungskosten}}{\text{Nutzungsdauer}}$$

Am Ende der Nutzungsdauer ist das Anlagegut vollständig abgeschrieben. Sollte es jedoch weiterhin im Betrieb genutzt werden, so wird es in der Regel mit einem **Erinnerungswert** (= Pro-memoria-Posten) von 1,00 € in den Anlagekonten ausgewiesen.

Musteraufgabe

Eine Maschine im Wert von 10000,00 € soll während der betriebsgewöhnlichen Nutzungsdauer von acht Jahren abgeschrieben werden.

a) Berechnen Sie die Abschreibungsquote sowie die jährliche Abschreibungshöhe.
b) Stellen Sie die Abschreibung tabellarisch und grafisch dar.
c) Verbuchen Sie die Abschreibung am Ende des 1. Jahres.

Musterlösung

a) $\text{jährliche Abschreibungsquote} = \frac{100\,\%}{8 \text{ Jahre}} = 12{,}5\,\%$

$\text{jährlicher Abschreibungsbetrag} = \frac{10000{,}00\ €}{8 \text{ Jahre}} = 1250{,}00\ €$

b) **Tabellarische Darstellung der Abschreibung:**

Ermittlung des Buchwertes	Abschreibungssatz 12,5 %	Abschreibungsbetrag 1 250,00 €
Anschaffungswert – Abschreibung 1		10000,00 € 1 250,00 €
Buchwert Ende 1. Jahr – Abschreibung 2		8750,00 € 1 250,00 €
Buchwert Ende 2. Jahr – Abschreibung 3		7500,00 € 1 250,00 €

Ermittlung des Buchwertes	Abschreibungssatz 12,5 %	Abschreibungsbetrag 1 250,00 €
Buchwert Ende 3. Jahr – Abschreibung 4		6 250,00 € 1 250,00 €
Buchwert Ende 4. Jahr – Abschreibung 5		5 000,00 € 1 250,00 €
Buchwert Ende 5. Jahr – Abschreibung 6		3 750,00 € 1 250,00 €
Buchwert Ende 6. Jahr – Abschreibung 7		2 500,00 € 1 250,00 €
Buchwert Ende 7. Jahr – Abschreibung 8		1 250,00 € 1 250,00 €
= Buchwert Ende 8. Jahr		0,00 €

Grafische Darstellung der Abschreibung:

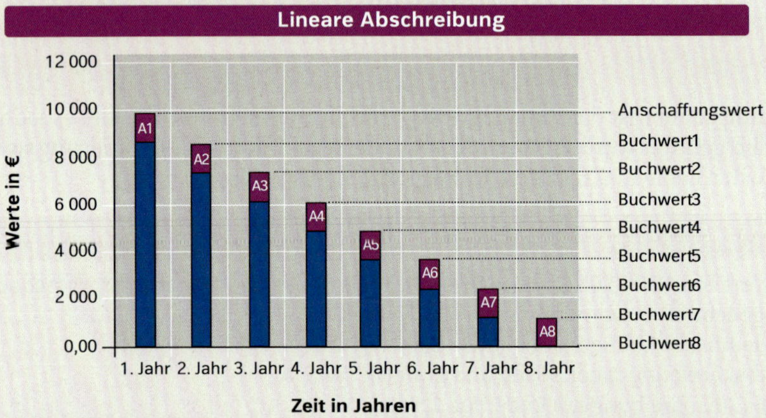

c) **Buchungssatz:**

650 Abschreibungen auf Sachanlagen	1 250,00	
an 071 Maschinen		1 250,00

Sonderfall:

Soll die Maschine nach Ablauf der betrieblichen Nutzungsdauer weiterhin genutzt werden, so muss sie mit einem Erinnerungswert von 1,00 € in den Anlagekonten ausgewiesen werden. Dies bedeutet, dass der Abschreibungsbetrag im 8. Jahr lediglich 1249,00 € beträgt. Der Buchungssatz im 8. Jahr muss dann lauten:

650 Abschreibungen auf Sachanlagen	1 249,00	
an 071 Maschinen		1 249,00

Tabellarisch ergibt sich für das 8. Jahr bzw. letzte Jahr folgende Änderung:

Buchwert Ende 7. Jahr	1250,00 €
– Abschreibung 8	1249,00 €
= Erinnerungswert	1,00 €

Lösungsschritte

1. Berechnung der Abschreibungsquote und somit des jährlichen Abschreibungsbetrages.
2. Tabellarische und grafische Darstellung der Abschreibung.
3. Verbuchung der Abschreibung auf dem entsprechenden Anlagekonto.
   Hier: 650 Abschreibung auf Sachanlagen an 071 Maschinen

Kernwissen

- Lineare Abschreibung:
  - Abschreibung vom Anschaffungswert,
  - gleichbleibende jährliche Abschreibungsbeträge.
- Möglicher Erinnerungswert von 1,00 € nach Ablauf der Nutzungsdauer.

9.2.2 Degressive Abschreibung[1]

Bei der degressiven Abschreibung wird die Abschreibung lediglich im 1. Jahr vom Anschaffungswert vorgenommen. In den Folgejahren wird vom jeweils kleiner werdenden Rest- bzw. Buchwert ausgegangen. Dies bedeutet zum einen, dass die jährlichen Abschreibungsbeträge immer kleiner werden, zum anderen, dass der Nullwert des Anlagegutes nach Ablauf der Nutzungsdauer nie erreicht werden kann. Aus diesem Grunde ist der Abschreibungssatz bei der degressiven Abschreibung i. d. R. höher als bei der linearen Abschreibung.

Steuerrechtlich galten bis zum 31.12.2010 bei der Festlegung des degressiven Abschreibungssatzes folgende Vorgaben:

Merke

Der degressive Abschreibungssatz darf:
- *das **2,5-Fache** des linearen Satzes,*
- *jedoch nicht mehr als **25 %** betragen.*

Beispiel

lineare Abschreibungsquote	maximale degressive Abschreibungsquote
4 %	10 %
8 %	20 %
10 %	25 %
15 %	25 %
20 %	25 %

Musteraufgabe

Eine Maschine im Wert von 10 000,00 € soll während der betriebsgewöhnlichen Nutzungsdauer von acht Jahren degressiv abgeschrieben werden.

---

[1] *Obwohl die degressive Abschreibung zum 01.01.2011 erneut ausgesetzt wurde und somit für die Schülerinnen und Schüler zurzeit keine Prüfungsrelevanz mehr besitzt, erscheint es angesichts der Tatsache, dass diese Abschreibungsart schon häufigen Änderungen unterlag weiterhin angebracht, deren Wirkungsweise auch in Zukunft darzustellen.*

a) Berechnen Sie die Abschreibungsquote.
b) Stellen Sie die Abschreibung tabellarisch und grafisch dar.
c) Verbuchen Sie die Abschreibung am Ende des 1. Jahres.

Musterlösung

a) Jährliche Abschreibungsquote $= \frac{100\,\%}{8 \text{ Jahre}} = 12{,}5\,\%$

Da der lineare Abschreibungssatz bei 12,5 % liegt, wird hier der maximal zulässige Satz von 25 % gewählt.
Abschreibungssatz: 25 % (degressive Abschreibung)

b) **Tabellarische Darstellung der Abschreibung:**

Ermittlung	Abschreibungssatz	Abschreibungsbetrag
Anschaffungswert – Abschreibung 1		10 000,00 € 2 500,00 €
Buchwert Ende 1. Jahr – Abschreibung 2		7 500,00 € 1 875,00 €
Buchwert Ende 2. Jahr – Abschreibung 3		5 625,00 € 1 406,25 €
Buchwert Ende 3. Jahr – Abschreibung 4		4 218,75 € 1 054,69 €
Buchwert Ende 4. Jahr – Abschreibung 5		3 164,06 € 791,02 €
Buchwert Ende 5. Jahr – Abschreibung 6		2 373,04 € 593,26 €
Buchwert Ende 6. Jahr – Abschreibung 7		1 779,78 € 444,95 €
Buchwert Ende 7. Jahr – Abschreibung 8		1 334,83 € 333,71 €
= Buchwert Ende 8. Jahr		1 001,12 €

Grafische Darstellung der Abschreibung:

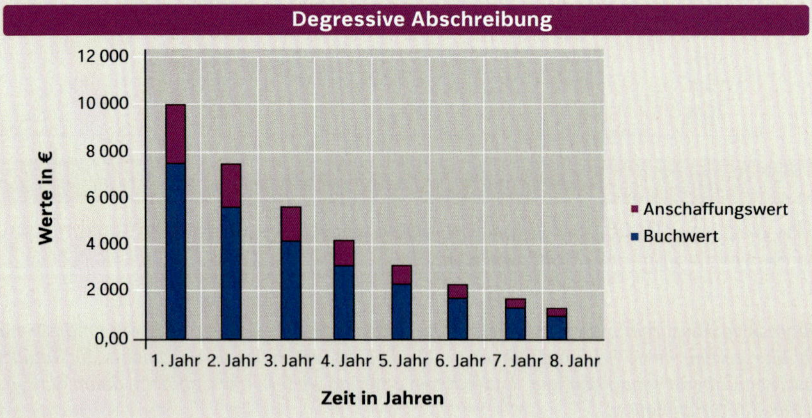

c) **Buchungssatz:**

650 Abschreibungen auf Sachanlagen	2 500,00	
an 071 Maschinen		2 500,00

Lösungsschritte

1. Festlegung der Abschreibungsquote.
2. Tabellarische und grafische Darstellung der Abschreibung.
3. Verbuchung der Abschreibung auf dem entsprechenden Anlagekonto.
   Hier: 650 Abschreibung auf Sachanlagen an 071 Maschinen

Kernwissen

- Degressive Abschreibung:
  - Abschreibung vom Rest- bzw. Buchwert,
  - fallende jährliche Abschreibungsbeträge.
- Höchstzulässiger steuerrechtlicher Prozentsatz:
  - das 2,5-Fache des linearen Satzes,
  - höchstens jedoch 25 %.

9.2.3 Tabellarischer Vergleich: lineare – degressive Abschreibung

Die bisherigen Ausführungen zur linearen bzw. degressiven Abschreibung lassen sich recht anschaulich an einem direkten Vergleich beider Abschreibungsmethoden verdeutlichen:

linear 12,5 % von AW[1]	Ermittlung des Buch- bzw. Restwertes	degressiv 25 % von RW[2]
10 000,00 € 1 250,00 €	Anschaffungswert – Abschreibung 1	10 000,00 € 2 500,00 €
8 750,00 € 1 250,00 €	Buchwert Ende 1. Jahr – Abschreibung 2	7 500,00 € 1 875,00 €
7 500,00 € 1 250,00 €	Buchwert Ende 2. Jahr – Abschreibung 3	5 625,00 € 1 406,25 €
6 250,00 € 1 250,00 €	Buchwert Ende 3. Jahr – Abschreibung 4	4 218,75 € 1 054,69 €
5 000,00 € 1 250,00 €	Buchwert Ende 4. Jahr – Abschreibung 5	3 164,06 € 791,02 €
3 750,00 € 1 250,00 €	Buchwert Ende 5. Jahr – Abschreibung 6	2 373,04 € 593,26 €
2 500,00 € 1 250,00 €	Buchwert Ende 6. Jahr – Abschreibung 7	1 779,78 € 444,95 €
1 250,00 € 1 250,00 €	Buchwert Ende 7. Jahr – Abschreibung 8	1 334,83 € 333,71 €
0,00 €	= Buchwert Ende 8. Jahr	1 001,12 €

1 *AW = Anschaffungswert*
2 *RW = Restwert (Buchwert)*

Übungsaufgaben

1. ***In der Buchhaltungsabteilung der Spedition Weltweit erhalten Sie u. a. nachfolgende Arbeitsaufträge:***
   a) Verbuchen Sie unten aufgeführte Eingangsrechnung.
   b) Buchen Sie die Begleichung der Rechnung unter Beachtung des Buchungsvermerks.
   c) Stellen Sie die beiden Abschreibungsarten einander gegenüber, wenn eine Nutzungsdauer von 8 Jahren unterstellt wird.
   d) Verbuchen Sie die Abschreibung bei beiden Arten am Ende des ersten Jahres.

BAUER
Büroeinrichtungshaus

Neckarstr28
44532 Lünen
Telefon 02306 375633
Telefax 02306 375644

BAUER AG, Neckarstr. 28, 44532 Lünen

Spedition Weltweit
Frankfurter Str. 12
69157 Heidelberg

Datum: .. –01–18
Projekt: 00-00248
USt-IdNr.: 476819537

Rechnung00-00248

Sehr geehrte Damen und Herren,

wir bedanken uns für Ihren Auftrag vom 2. Januar 20.. und berechnen wie folgt:

Menge	Bezeichnung	Einzelpreis in €	Gesamtpreis in €
2	Stahlvitrinen	4 250,00	8 500,00
	– 20 % Rabatt		1 700,00
			6 800,00
	+ 19 % USt		1 292,00
	Rechnungsbetrag		8 092,00

Zahlungsziel: 30 Tage rein netto

Mit freundlichen Grüßen

BAUER AG – Büroeinrichtungshaus

ppa. Fürst

Fürst

Buchungsvermerk
Rechnung wurde am 18.02.20.. durch VoBa überwiesen

2. *Ein Sattelzug, Kaufpreis 300 000,00 €, hat eine Nutzungsdauer von sechs Jahren. Ermitteln und verbuchen Sie die Abschreibung am Ende des ersten Jahres bei linearer und degressiver Abschreibung.*

3. *Die Anschaffungskosten eines Gabelstaplers beliefen sich auf 35 000,00 €.*
   a) Ermitteln Sie die Abschreibungsbeträge für die ersten drei Jahre bei linearer und degressiver Abschreibung, wenn eine Nutzungsdauer von acht Jahren unterstellt wird.
   b) Wie wäre am Ende des achten Jahres bei der linearen Abschreibungsmethode zu buchen, wenn der Gabelstapler weiterhin betrieblich genutzt werden könnte?

4. *Eine EDV-Anlage, Anschaffungswert 7 500,00 €, wird jährlich mit 20 % linear abgeschrieben. Verbuchen Sie die Abschreibung am Ende des 1. Jahres und schließen Sie die Konten ab.*

5. *Ein Geschäftswagen im Wert von 60 000,00 € soll über die zulässige Nutzungsdauer von fünf Jahren linear abgeschrieben werden.*
   a) Ermitteln Sie den Abschreibungssatz und die Abschreibungshöhe.
   b) Stellen Sie den Abschreibungsverlauf tabellarisch dar.
   c) Verbuchen Sie das erste und letzte Jahr der Abschreibung, wenn von einer weiteren betrieblichen Nutzung ausgegangen werden kann und die lineare Abschreibungsmethode gewählt wurde.

6. *Richten Sie nachfolgende T-Konten ein:*
   Maschinen AB = 540 000,00 €, Fuhrpark AB = 380 000,00 €, Abschreibungen auf Sachanlagen, Gewinn- und Verlustkonto, Schlussbilanz
   Verbuchen Sie am Jahresende die Abschreibung, schließen Sie die Konten ab und stellen Sie die Schlussbilanz auf, wenn von folgender Nutzungsdauer ausgegangen werden kann:
   - *Maschinen 10 Jahre*
   - *Fuhrpark 5 Jahre*

7. *Sie werden nach Ihrer Ausbildung zur Fachkraft für Lagerlogistik in der Rechnungswesenabteilung der Barth Warehouse Logistics GmbH & Co. KG in Mannheim eingesetzt und sind zz. mit nachfolgendem Geschäftsvorfall – siehe Anlage 1 – betraut.*
   a) Verbuchen Sie
      1. den Kauf des Elektrostaplers am 15.04.20...
      2. die Rechnungsbegleichung durch Banküberweisung am 15.05.20.. .
   b) Ermitteln Sie den Abschreibungsbetrag am Jahresende unter Zuhilfenahme der unter Anlage 2 aufgeführten AfA-Tabelle und nehmen Sie die Verbuchung vor. Unterstellen Sie, dass die lineare Abschreibungsmethode gewählt wurde und monatsgenau abgeschrieben wird.
   c) Stellen Sie den Abschreibungsverlauf für die ersten drei Jahre sowohl für die lineare als auch für die degressive Abschreibungsmethode einander tabellarisch gegenüber.

Anlage 1

LSJ GMBH
ELEKTROSTAPLER

LSJ GMBH, SIEGFRIEDSTR. 34, 68199 MANNHEIM

Barth Warehouse Logistics GmbH & Co. KG
Industriestraße 17
68163 Mannheim

RECHNUNG

RECHNUNGSDATUM	15.04.20..
KUNDEN-NR.	0813
RECHNUNGS-NR.	32/8723

Bitte bei Zahlung angeben

MENGE	ARTIKEL	ARTIKELNUMMER	GESAMTPREIS IN EURO
1	Elektrostapler RX 50–15	21–007	32 000,00
	+ 19 % Umsatzsteuer		6 080,00
	Rechnungsbetrag		38 080,00

LIEFERBEDINGUNGEN: frei Haus
ZAHLUNGSBEDINGUNGEN: Zahlung innerhalb von 8 Tagen unter Abzug von 3 % Skonto, innerhalb von 30 Tagen rein netto

Mit freundlichen Grüßen

LSJ GmbH
Wolf
ppa. Karl Wolf

BANKVERBINDUNG: IBAN: DE22 1004 0000 1106 1988 89, BIC: COBADEFFXXX
UST-IDNR. 456334857 FINANZAMT MANNHEIM

Anlage 2
Beispielhafter Auszug aus der AfA-Tabelle für allgemein verwendbare Anlagegüter

Anlagegüter	Nutzungsdauer in Jahren	Fundstelle
Hallen	14	1.1
Hebebühnen mobil	11	3.4.4.2
Hebebühnen stationär	15	3.4.4.1
Hochregallager	15	3.3
Hublifte (mobil)	11	3.4.4.2
Hublifte (stationär)	15	3.4.4.1
Hubwagen	8	4.5
Industriestaubsauger	7	4.5
Kehrmaschinen	9	7.2.6
Krananlagen (ortsfest oder auf Schienen)	21	3.4.3.2
Lastkraftwagen, Sattelschlepper, Kipper	9	4.2.3
Stapler	8	4.5

vgl.: www.bundesfinanzministerium.de

8. In der Anlagekartei der unten aufgeführten Härtemaschine der Firma Ulrich Becker KG, Ulm, sind bei den Angaben zu den abschreibungsrelevanten Daten einige Spalten mit hinterlegten Informationen ausgeblendet. Der Buchwert in Höhe von 23 712,00 € steht am 31.12.2022 in der Bilanz der Ulrich Becker KG.

Herr Becker bittet Sie, den jährlichen Abschreibungsbetrag bei linearer Abschreibung sowie die Anschaffungskosten der Härtemaschine zu ermitteln.

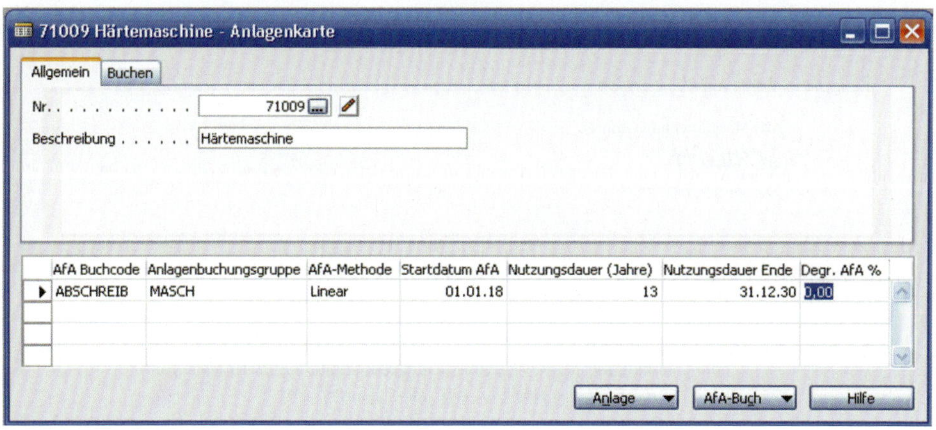

9. Die Spedition und Lagerei HARO GmbH, Mannheim, bestellte am 15.06.2017 für ihre Abfüllerei eine neue computergesteuerte Abfüllmaschine, die ihr am 03.07.2017 mit unten abgebildeter Rechnung Nr. 110551 geliefert wurde.

MD
Maschinenbau GmbH

MD Maschinenbau GmbH, Bergstr. 17, 69165 Heidelberg

Spedition & Lagerei HARO GmbH
Industriestraße 17–23
68169 Mannheim

Rechnung Nr. 110551 Heidelberg, 03.07.2017

Position	Beschreibung	Menge	Stückpreis in Euro	Gesamtpreis in Euro
1	Abfüllmaschine	1	24 000,00	24 000,00
	Warennettowert			24 000,00
	+ 19 % USt			4 560,00
	Gesamtbetrag			28 560,00

Zahlbar rein netto innerhalb von 4 Wochen.

Mit freundlichen Grüßen

MD Maschinenbau GmbH
Schmitt
Werner Schmitt

Bankverbindung: IBAN: DE50 6074 7404 0048 2938 74, BIC: NANSDE77XXX
Steuer-Nr.: 4126/9864/993 USt-IdNr.: 874 639 94DE

a) Verbuchen Sie die Eingangsrechnung.

b) Buchen Sie die Bezahlung der Maschine am 03.08.2017 durch Banküberweisung.

c) ***Buchen Sie den Abschreibungsbetrag im Jahr 2017 und bei monatsgenauer Abschreibung bestimmen Sie den Restwert der Maschine (siehe Anlage 1).***

Anlage 1

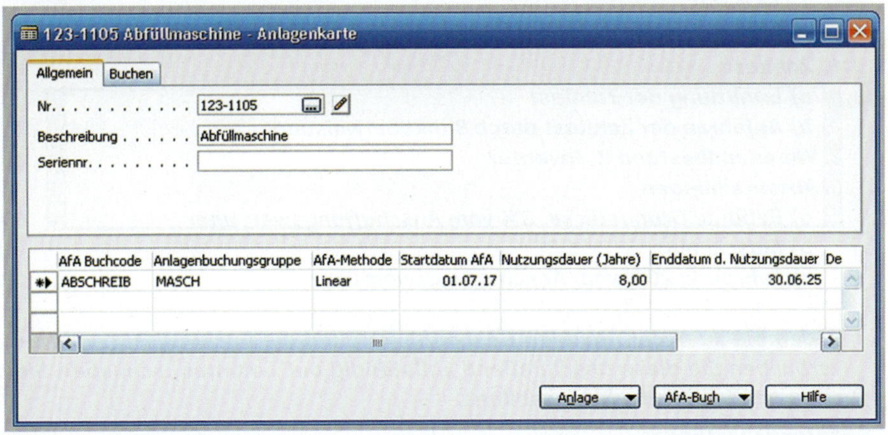

10. ***Bilden Sie zu nachfolgenden Geschäftsvorfällen die Buchungssätze im Grundbuch, verbuchen Sie anschließend die Buchungssätze vollständig auf T-Konten, schließen Sie diese ab und erstellen Sie die Schlussbilanz.***

Anfangsbestände:	**€**		**€**
Bebaute Grundstücke	***588 000,00***	***Eigenkapital***	***?***
Maschinen	***270 000,00***	***Hypothekenschulden***	***400 000,00***
Fuhrpark	***80 000,00***	***Verbindlichkeiten***	***120 000,00***
Waren	***130 000,00***		
Forderungen	***65 000,00***		
Bank	***25 000,00***		
Kasse	***12 000,00***		

Kontenplan: Neben der Eröffnungs- und Schlussbilanz werden noch folgende Konten benötigt:
Bestandskonten: Bebaute Grundstücke, Maschinen, Fuhrpark, Waren, Forderungen, Bank, Kasse, Vorsteuer, Hypothekenschulden, Verbindlichkeiten, Umsatzsteuer, Eigenkapital
Erfolgskonten: Aufwendungen für Waren, Gehälter, Abschreibungen, Zinserträge, Umsatzerlöse, Gewinn- und Verlustkonto

Geschäftsvorfälle:	**€**
1. Wareneinkauf auf Ziel	
netto	***35 000,00***
+ 19 % USt	***6 650,00***
2. Banküberweisung eines Kunden	***12 000,00***
3. Warenverkäufe	
netto	***60 000,00***
+ 19 % USt	***11 400,00***
gegen: – Bankscheck	***18 000,00***
– Ziel	***53 400,00***
4. Gehaltszahlungen bar	***9 000,00***
5. Kauf einer Maschine gegen Bankscheck	
netto	***22 000,00***
+ 19 % USt	***4 180,00***

6. Zinsgutschrift unserer Bank — 1 500,00
7. Warenverkäufe auf Ziel
   netto — 30 000,00
   + 19 % USt — 5 700,00

Abschlussangaben:
1. Zahllast:
   a) Ermittlung der Zahllast
   b) Abführen der Zahllast durch Banküberweisung
2. Warenendbestand lt. Inventur: — 135 000,00
3. Abschreibungen
   a) Bebaute Grundstücke: 2 % vom Anschaffungswert über — 600 000,00
   b) Maschinen: — 18 000,00
   c) Fuhrpark: 20 % vom Anschaffungswert über — 100 000,00

11. **Bilden Sie zu nachfolgenden Geschäftsvorfällen die Buchungssätze im Grundbuch, verbuchen Sie diese anschließend vollständig auf T-Konten, schließen Sie diese ab und erstellen Sie die Schlussbilanz.**

Anfangsbestände:	€		€
Maschinen	50 000,00	Eigenkapital	?
Fuhrpark	180 000,00	Darlehen	150 000,00
Waren	150 000,00	Verbindlichkeiten	80 000,00
Forderungen	40 000,00		
Bank	75 000,00		
Kasse	20 000,00		

Kontenplan: Neben der Eröffnungs- und Schlussbilanz werden noch folgende Konten benötigt:
Bestandskonten: Maschinen, Fuhrpark, Waren, Forderungen, Bank, Kasse, Vorsteuer, Darlehen, Verbindlichkeiten, Umsatzsteuer, Eigenkapital
Erfolgskonten: Aufwendungen für Waren, Mietaufwendungen, Gehälter, Abschreibungen, Zinserträge, Umsatzerlöse, Gewinn- und Verlustkonto

Geschäftsvorfälle:	€
1. Verkauf eines gebrauchten Lkw gegen Barzahlung	
netto	12 000,00
+ 19 % USt	2 280,00
2. Wareneinkauf auf Ziel	
netto	6 000,00
+ 19 % USt	1 140,00
3. Zinsgutschrift unserer Bank	2 000,00
4. Warenverkäufe	
netto	20 000,00
+ 19 % USt	3 800,00
gegen: – Barzahlung	1 500,00
– Bankscheck	7 500,00
– Rest auf Ziel	?
5. Teilrückzahlung unseres Darlehens durch Banküberweisung	25 000,00
6. Warenverkauf gegen Bankscheck	
netto	4 000,00
+ 19 % USt	760,00
7. Banküberweisung unserer Geschäftsmiete	5 000,00
8. Gehaltszahlungen bar	8 000,00

9. Warenverkauf auf Ziel	
netto	8000,00
+ 19 % USt	1520,00
10. Banküberweisung an unseren Lieferer	6900,00

Abschlussangaben:

1. Zahllast:
   a) Ermittlung der Zahllast
   b) Abführen der Zahllast durch Banküberweisung

2. Warenendbestand lt. Inventur	145000,00
3. Abschreibungen	
a) auf Fuhrpark:	15000,00
b) auf Maschinen:	
20 % des Anschaffungswertes von	50000,00

12. Bilden Sie zu nachfolgenden Geschäftsvorfällen die Buchungssätze im Grundbuch, verbuchen Sie diese anschließend vollständig auf T-Konten, schließen Sie diese ab und erstellen Sie die Schlussbilanz.

Anfangsbestände:	€		€
Fuhrpark	200000,00	Eigenkapital	?
BGA	150000,00	Darlehen	200000,00
Waren	120000,00	Verbindlichkeiten	70000,00
Forderungen	30000,00		
Bank	50000,00		
Kasse	20000,00		

Kontenplan: Neben der Eröffnungs- und Schlussbilanz werden noch folgende Konten benötigt:
Bestandskonten: Fuhrpark, BGA, Waren, Forderungen, Bank, Kasse, Vorsteuer, Eigenkapital, Darlehen, Verbindlichkeiten, Umsatzsteuer
Erfolgskonten: Aufwendungen für Waren, Stromgebühren, Löhne, Abschreibungen, Provisionserträge, Umsatzerlöse, Gewinn- und Verlustkonto

Geschäftsvorfälle:	€
1. Wareneinkauf auf Ziel	
brutto	35700,00
2. Banküberweisung unserer Energieaufwendungen	830,00
3. Bankgutschrift für Provisionserträge	3000,00
4. Warenverkauf auf Ziel	
netto	60000,00
+ 19 % USt	?
5. Lohnzahlungen bar	3000,00

Abschlussangaben:

1. Zahllast
   a) Ermittlung der Zahllast
   b) Passivierung der Zahllast

2. Warenendbestand lt. Inventur	135000,00
3. Abschreibungen	
a) Fuhrpark: 20 % vom Anschaffungswert über	200000,00
b) BGA	15000,00

Prüfungsaufgabe

Tipp

Sie werden nach Ihrer Ausbildung zur Fachkraft für Lagerlogistik bei der Internationalen Spedition Lena Steiner GmbH, Künzelsau, zunächst in der Buchhaltungsabteilung eingesetzt.
Um die Erstellung der Schlussbilanz vorzubereiten, werden bereits im Vorfeld verschiedene Bilanzpositionen einer Bewertung unterzogen.

a) ***Am 21.07.20.. wurde ein neuer Elektro-Handstapler gekauft (siehe Anlage 1).***
Frau Steiner erteilt Ihnen zunächst den Auftrag, den Kauf zu buchen sowie die Überweisung nach Ablauf des Zahlungsziels per Banküberweisung vorzunehmen.

Anlage 1

STAPLER
VERKAUFSZENTRUM
JECK GmbH

Jeck GmbH, Bergstr. 3, 74072 Heilbronn

Internationale Spedition
Lena Steiner GmbH
Mannheimer Straße
74653 Künzelsau

Ihr Sachbearbeiter: Herr Noah Barth
Tel.: +49 7131 597865

Rechnung
Kunden-Nr.: 1523
Lieferschein-Nr.:
Rechnungs-Nr.: 4987
Auftrags-Nr.:

Ihre Zeichen,	Ihre Nachricht vom	Unsere Zeichen, unsere Nachricht vom	Datum
	12.07.20..	NB	21.07.20..

Sehr geehrte Damen und Herren,

gemäß Ihrer Bestellung vom 12.07.20.. liefern wir heute;

Nr.	Bezeichnung	Menge	Einheit	Netto-VK in €	Rabatt	USt	Brutto-VK in €
1	Elektro-Handstapler	1	Stück	2 800,00	0 %	19 %	3 332,00

Zahlungsbedingungen: Innerhalb von 10 Tagen unter Abzug von 3 % Skonto oder ohne Abzug innerhalb von 30 Tagen

Stapler Verkaufszentrum Jeck GmbH
Bergstr. 3
74072 Heilbronn
Tel.: + 49 713 5978-0
Fax: + 49 7135980
E-Mail: www.stzjeck@heilbronn.de

Registergericht Mannheim
HRB 23223 B
Steuer-Nr.: 6700457
UST-IdNr.: DE 22974653

BW-Bank
IBAN: DE29 6005 0213 9032 5032 56
BIC: VOLODE88

b) Danach werden Sie von Frau Steiner aufgefordert, die Anlagenkartei (siehe Anlage 2) für den Hubwagen um die fehlenden Informationen zu ergänzen und die Abschreibungen für das Anschaffungsjahr sowie die beiden folgenden Jahre in der Tabelle zu ermitteln.

Verkürzter Auszug aus der AfA-Tabelle

Fundstelle	Anlagegüter	Nutzungsdauer in Jahren
4	Fahrzeuge	
4.1	Schienenfahrzeuge	25
4.2	Straßenfahrzeuge	
4.2.1	Personenkraftwagen	6
4.2.2	Motorräder u. Ä.	7
4.2.3	Lastkraftwagen, Sattelschlepper	9
...		
4.5	sonstige Beförderungsmittel (Elektrokarren, Staplern, Hubwagen usw.)	8

Anlage 2

Anlagenkartei	L. Steiner GmbH	(Internationale Spedition)
Bezeichnung:	Hubwagen	Anlagekonto:
Anschaffungsjahr:	20..	Anschaffungsdatum:
Anschaffungskosten in Euro:		Lieferant Name: Anschrift:

Nutzungsdauer lt. AfA Tabelle ... Jahre		Abschreibungsmethode: linear	
Jahr	AfA-Satz in %	AfA in Euro	Restbuchwert
1 (Anschaffungsjahr)			
2			
3			

10 Erweiterte Buchungen im Warenverkehr

Bei diesem Kapitel handelt es sich um nicht prüfungsrelevanten Unterrichtsstoff, der bei guten Klassen behandelt werden kann.

Situation

Reklamationen, mit denen Florian täglich sowohl bei der Warenannahme als auch bei der Kommissionierung konfrontiert wird, veranlassen ihn, bei Herrn Barth nachzufragen, wie denn solche Besonderheiten im Warenverkehr buchhalterisch berücksichtigt werden.

Handlungsaufträge

1. *Ermitteln Sie, welche Besonderheiten sowohl beim Wareneingang als auch -ausgang auftreten könnten.*
2. *Unterbreiten Sie Vorschläge, wie diese Besonderheiten buchungsmäßig erfasst werden könnten.*

10.1 Buchungen beim Wareneinkauf

Im Folgenden sollen beim Wareneinkauf anfallende Besonderheiten dargestellt werden. Zu diesen Besonderheiten zählen vom Lieferer gewährte Rabatte, in Rechnung gestellte Bezugskosten sowie Rücksendungen an den Lieferer.

10.1.1 Rabatte

Alle Sofortnachlässe, d. h. alle unmittelbar bei der Rechnungserstellung gewährten Preisnachlässe, wie:

- Mengenrabatte
- Wiederverkäuferrabatte
- Sonderrabatte

vermindern die Anschaffungskosten, da nur der reduzierte Preis (Zieleinkaufspreis) gezahlt werden muss. Aus diesem Grunde werden die Sofortnachlässe buchhalterisch **nicht** erfasst. Verbucht wird demnach lediglich der Zieleinkaufspreis.

	Einkaufspreis (Listenpreis)
–	Rabatt
=	Zieleinkaufspreis (Ziel-EK)

Musteraufgabe

Verbuchen Sie nachfolgende Wareneingangsrechnung über 20 t Kunststoffgranulat zum Preis von 1 000,00 € je Tonne.

Eingangsrechnung:

	Einkaufspreis 20 t · 1 000,00 €/t =	20 000,00 €
–	Rabatt 10 %	2 000,00 €
	Zieleinkaufspreis	18 000,00 €
+	19 % USt	3 420,00 €
	Rechnungsbetrag	**21 420,00 €**

Musterlösung

a) **Buchungssatz:**

200 Waren	18 000,00	
260 Vorsteuer	3 420,00	
an 44 Verbindlichkeiten		21 420,00

b) **Verbuchung auf T-Konten (Hauptbuch):**

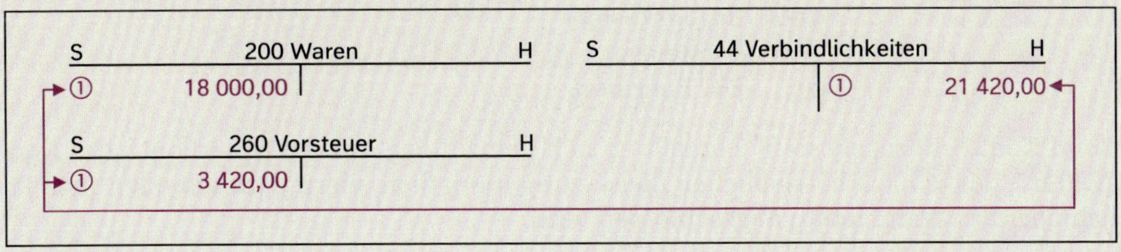

Lösungsschritte

1. Berechnung des Zieleinkaufspreises.
   Hier: Ziel-EK = 18 000,00 €
2. Verbuchung des Geschäftsvorfalls.
   Hier: 200 + 260/44

Kernwissen

- Sofortnachlässe vermindern die Anschaffungskosten.
- Sofortnachlässe werden buchhalterisch **nicht** erfasst.

10.1.2 Bezugskosten

Beim Wareneinkauf fallen neben dem Kaufpreis der Ware i.d.R. auch Bezugskosten an, die mit der Zulieferung verbunden sind, und die ebenfalls der Umsatzsteuer unterliegen.

Bezugskosten lassen sich einteilen in:

Gewichtsspesen = vom Warengewicht abhängige Bezugskosten	Wertspesen = vom Warenwert abhängige Bezugskosten
z. B.: – Verpackungskosten – Frachten – Rollgeld	z. B.: – Zölle – Transportversicherung

Zwar könnten die Bezugskosten sehr wohl auf den Warenkonten verbucht werden, in der Praxis entscheidet man sich jedoch aus Gründen der Übersichtlichkeit häufig dazu, diese Kosten gesondert auf dem Konto

2001 Bezugskosten[1]

zu erfassen. Als Gegenkonto wird meist Kasse, Bank oder Verbindlichkeiten angesprochen.

Buchungssatz

2001 Bezugskosten
260 Vorsteuer
an 280 Bank usw.

Beim Konto „Bezugskosten" handelt es sich demzufolge um ein Unterkonto des Kontos „Waren", das je nach betrieblicher Zielsetzung monatlich, vierteljährlich oder auch jährlich über das Warenkonto abgeschlossen wird.

Buchungssatz

200 Waren
an 2001 Bezugskosten

Durch diese Vorgehensweise lässt sich der Bezugs- bzw. Einstandspreis jeder Warenart sehr leicht ermitteln.

Tipp

Sind die Bezugskosten in der Eingangsrechnung gesondert ausgewiesen, so müssen sie zunächst ebenfalls auf dem Konto 2001 Bezugskosten verbucht werden.

Buchungssatz

200 Waren
2001 Bezugskosten
260 Vorsteuer
an 44 Verbindlichkeiten

---

[1] *Bei der verbrauchsbedingten Warenverbuchung sind die Bezugskosten auf dem Kto. „6001 Bezugskosten" zu verbuchen.*

Musteraufgabe

Der mit der Zufuhr der Ware (20t Kunststoffgranulat) beauftragte Spediteur Anton Dittmann sendet uns am 21. Juli 20.. nachfolgende Rechnung:

	Fracht 20 t/645 km	1 200,00 €
+	19 % USt	228,00 €
	Rechnungsbetrag	**1 428,00 €**

1. Verbuchen Sie die Eingangsrechnung am 21. Juli 20.. .
2. Schließen Sie das Konto „Bezugskosten“ am 31. Juli 20.. über das Konto „Waren“ ab.

Musterlösung

a) Buchungssätze:

			Soll	Haben
1.	2001	Bezugskosten	1 200,00	
	260	Vorsteuer	228,00	
	an	44 Verbindlichkeiten		1 428,00
2.	200	Waren	1 200,00	
	an	2001 Bezugskosten		1 200,00

b) Verbuchung auf T-Konten (Hauptbuch):

S	2001 Bezugskosten		H
①	1 200,00	② Saldo	1 200,00

S	200 Waren		H
	18 000,00		
②	1 200,00		

S	260 Vorsteuer		H
	2 700,00		
①	228,00		

S	44 Verbindlichkeiten		H
			20 700,00
		①	1 428,00

Lösungsschritte

1. Verbuchung der Bezugskosten einschließlich der Umsatzsteuer.
   Hier: 2001 – 260/44
2. Umbuchung der Bezugskosten auf das Konto „Waren“.
   Hier: 200/2001

Kernwissen

- Bezugskosten fallen nur beim Wareneinkauf an.
- Bezugskosten sind ein Unterkonto des Warenkontos.
- Bezugskosten werden am Jahresende über das Konto „Waren“ abgeschlossen.

10.1.3 Liefererskonto

Beim Skonto (Mehrzahl: Skonti) handelt es sich um einen Preisnachlass, der für die Bezahlung einer Rechnung innerhalb einer vereinbarten Zeit gewährt wird. Lautet die Zahlungsbedingung etwa „Bezahlung innerhalb von 30 Tagen rein netto, innerhalb von 10

Tagen unter Abzug von 3% Skonto“, so erhält der Kunde die Möglichkeit des Skontoabzugs, wenn er innerhalb von 10 Tagen, i.d.R. am 10. Tag, die Rechnung begleicht. Liefererskonto ist somit ein Preisnachlass, der auf dem Konto

2003 Liefererskonto

zu verbuchen ist.

Da Liefererskonto bei der Begleichung der Liefererrechnung anfällt, vermindert sich durch die Ausnutzung des Skontos einerseits der zu zahlende Überweisungsbetrag gegenüber dem Lieferanten, andererseits die bereits beim Eingang der Rechnung verbuchte Vorsteuer, die es nun zu berichtigen gilt.

Buchungssatz

44	Verbindlichkeiten
an	280 Bank
	2003 Liefererskonto
	260 Vorsteuer

Wie beim Konto „Bezugskosten“ handelt es sich auch beim Konto „Liefererskonto“ um ein Unterkonto des Warenkontos, das je nach der betrieblichen Zielsetzung monatlich, vierteljährlich oder jährlich über das Warenkonto abzuschließen ist, vermindert es doch die tatsächlichen Warenausgaben.

Buchungssatz

2003	**Liefererskonto**
an	200 Waren

Musteraufgabe

Die Kartonagengroßhandels GmbH, Mannheim, bezieht von der Wellpapp AG, München, am 20.05.20.. 2500 Stück 3-lagige Wellpappkartons zum Gesamtpreis von 1 190,00 € mit der Zahlungsbedingung: „Zahlbar innerhalb von 30 Tagen rein netto, innerhalb von 8 Tagen unter Abzug von 2% Skonto“.

Am 28.05.20.. begleichen wir die Rechnung an die Wellpapp AG durch folgende Überweisung:

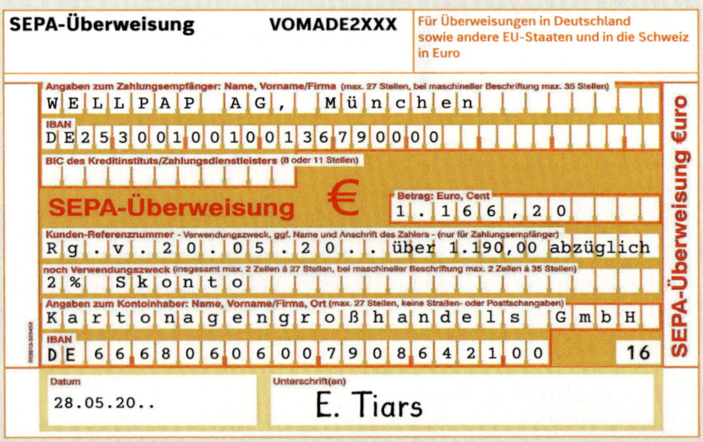
SEPA-Überweisung VOMADE2XXX
Für Überweisungen in Deutschland sowie andere EU-Staaten und in die Schweiz in Euro
Angaben zum Zahlungsempfänger: Name, Vorname/Firma (max. 27 Stellen, bei maschineller Beschriftung max. 35 Stellen)
WELLPAP AG, München
IBAN
DE25300100100136790000
BIC des Kreditinstituts/Zahlungsdienstleisters (8 oder 11 Stellen)
SEPA-Überweisung €
Betrag: Euro, Cent
1.166,20
Kunden-Referenznummer - Verwendungszweck, ggf. Name und Anschrift des Zahlers - (nur für Zahlungsempfänger)
Rg.v.20.05.20.. über 1.190,00 abzüglich
noch Verwendungszweck (insgesamt max. 2 Zeilen à 27 Stellen, bei maschineller Beschriftung max. 2 Zeilen à 35 Stellen)
2% Skonto
Angaben zum Kontoinhaber: Name, Vorname/Firma, Ort (max. 27 Stellen, keine Straßen- oder Postfachangaben)
Kartonagengroßhandels GmbH
IBAN
DE66680606000790864210 0
16
SEPA-Überweisung Euro
Datum
28.05.20..
Unterschrift(en)
E. Tiars

a) Berechnungen
Ermitteln Sie aus den angegebenen Daten:
- den Überweisungsbetrag,
- den Skontobetrag (brutto),
- den Skontobetrag (netto),
- den Vorsteuerkorrekturbetrag.

b) Buchungen
1. Verbuchen Sie zunächst den der Überweisung zugrunde liegenden Geschäftsvorfall.
2. Verbuchen Sie die Begleichung der Lieferantenrechnung.
3. Schließen Sie das Konto „Liefererskonto“ am Jahresende über das Warenkonto ab.

Musterlösung

a) Berechnungen

- Überweisungsbetrag/Skontobetrag (brutto)

Rechnungsbetrag	1 190,00 €
– 2 % Skonto	23,80 €
Überweisungsbetrag	1 166,20 €

- Skontobetrag (netto)/Vorsteuerkorrekturbetrag

119 %	–	23,80 €
100 %	–	x

x = 20,00 €

Skontobetrag (brutto)	23,80 €
– Skontobetrag (netto)	20,00 €
Vorsteuerkorrekturbetrag	3,80 €

b) Buchungssätze

1.	200	Waren	1 000,00	
	260	Vorsteuer	190,00	
	an	44 Verbindlichkeiten		1 190,00
2.	44	Verbindlichkeiten	1 190,00	
	an	280 Bank		1 166,20
		2003 Liefererskonto		20,00
		260 Vorsteuer		3,80
3.	2003	Liefererskonto	20,00	
	an	200 Waren		20,00

Verbuchungen auf T-Konten (Hauptbuch):

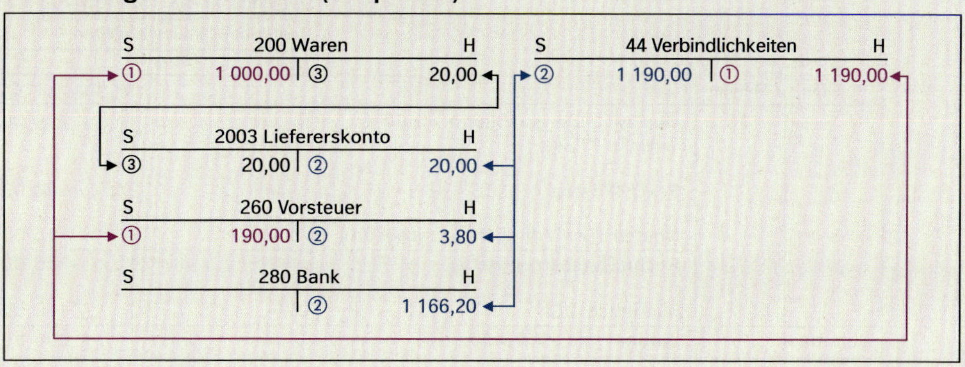

Lösungsschritte

a) Ermittlung des Überweisungsbetrages, des Skontobetrages sowie des Vorsteuerberichtigungsbetrages.

b) 1. Verbuchung des Wareneinkaufs.
   Hier: 200 + 260/44

   2. Verbuchung der Begleichung der Lieferantenrechnung.
   Hier: 44/280 + 2003 + 260

   3. Umbuchung des Kontos „Liefererskonto" auf das Konto „Waren".
   Hier: 2003/200

Kernwissen

- Liefererskonto ist ein vom Lieferant gewährter Preisnachlass, der auf dem Konto „Liefererskonto" verbucht wird.
- Liefererskonto ist ein Unterkonto des Warenkontos.
- Am Jahresende wird das Konto „Liefererskonto" über das Warenkonto abgeschlossen.

Übungsaufgaben

1. Verbuchen Sie nachfolgende Eingangsrechnung der Sanitärgroßhandlung Neumann GmbH.

Glaswerke Fritz GmbH
Burgstr. 10, 10127 Berlin

Glaswerke Fritz GmbH, Burgstr. 10, 10127 Berlin

Sanitärgroßhandlung Neumann GmbH
Heidelberger Str. 128
33817 Bielefeld

Rechnung	
Rechnungsdatum	..-02-27
Kunden-Nr.	3279
Rechnungs-Nr.	381/02
Bitte bei Zahlung angeben	

Position	Menge	Text	Betrag in €
1	10	Duschwände glasklar à 75,00 € Gewicht 110 kg	750,00
2		Frachtkosten	80,00
3		Kosten für Transportversicherung	15,00
		Rechnungsbetrag netto	845,00
		Zuzüglich USt	160,55
Summe		Zahlbar bis 27.03.20..	1 005,55

Bankverbindung: IBAN: DE40 1020 3030 0047 5642 92, BIC: MESNDE88XXX, USt-IdNr.: 19110551DE

2. *Verbuchen Sie als Mitarbeiter/-in der Spedition Weltweit:*
a) nachfolgende Eingangsrechnung,
b) den Zahlungsausgleich der Rechnung.

Autohaus Transport Mannheim AG

Autohaus Transport Mannheim AG, Rheintraße 12, 68165 Mannheim

Spedition Weltweit
Frankfurter Str. 12
69157 Heidelberg

Ort. Mannheim
Datum ..-02-17
Rechnungs-/Auftragsnummer:

Nr. 190154

Steuer-Nr.: 1807/5681/572
Ust-IdNr.: 6702198DE

Rechnung

Sehr geehrte Damen und Herren,

gemäß Ihrer Bestellung vom 20. Oktober 20.. stellen wir Ihnen das gelieferte Fahrzeug in Rechnung:

Mercedes-Benz, 25 t zGG, Solo-Lkw	€	175 000,00
– 10 % Rabatt	€	17 500,00
	€	157 500,00
+ Überführungskosten	€	1 200,00
+ Zulassungsgebühren	€	570,00
	€	159 270,00
+ Ust	€	?
Rechnungspreis	€	189.531,30

Unsere zahlungsbedingungen lauten: innerhalb von 10 Tagen 2 % Skonto, innerhalb von 30 Tagen rein netto.

Mit freundlichen Grüßen

Autohaus Transport Mannheim AG

ppa.

Münster

Buchungsvermerk
Rechnung wurde am 27.02.20.. durch Posbank überwiesen

Tel.	Fax:	Bankverbindungen:	HR Mannheim/HRB 289
0624 3744-0	0621 374418	IBAN: DE66 6705 0505 2707 1987 30, BIC: MANSDE66XXX IBAN: DE05 6704 0031 3011 1992 25, BIC: COBADE88XXX IBAN: DE13 6005 0101 1312 1979 38, BIC: SOLADEST600	E-Mail: autotrans@t-online.de

3. *Verbuchen Sie nachfolgende Geschäftsvorfälle:*

1. Einkauf von Waren auf Ziel	
netto	***8000,00 €***
– 5 % Mengenrabatt	***400,00 €***
	7600,00 €
+ 19 % USt	***1444,00 €***
Rechnungsbetrag	***9044,00 €***
2. Barzahlung der Fracht beim Wareneingang	
netto	***750,00 €***
+ 19 % USt	***142,50 €***
3. Banküberweisung der Liefererrechnung von Fall 1	***?***
4. Umbuchung der Bezugskosten am Quartalsende auf das Konto „Waren“	***750,00 €***

4. ***Verbuchen Sie folgende Rechnung einer Warenlieferung:***

Listenpreis ab Werk	***5000,00***
– 10% Wiederverkäuferrabatt	***500,00***
	4500,00
+ Fracht	***600,00***
+ Transportversicherung	***50,00***
	5150,00
+ 19% USt	***978,50***
Rechnungsbetrag	***6128,50***

5. ***Die Sanitärgroßhandlung Dominik Barth, Berlin, bezieht von ihrem Lieferanten 20 Duschabtrennungen, glasklar, zu einem Stückpreis von 300,00 € netto, ab Werk. Der vom Lieferer gewährte Rabatt beträgt 20%. Die Bezugskosten betragen 150,00 €.***
   a) Erstellen Sie die Rechnung.
   b) Verbuchen Sie den Geschäftsvorfall auf den entsprechenden Konten.
   c) Schließen Sie das Konto „Bezugskosten“ am Monatsende ab.

6. ***Verbuchen Sie nachfolgende Geschäftsvorfälle.***

	€
1. Wareneinkauf auf Ziel	
Listenpreis	***500,00***
– 5% Sonderrabatt	***25,00***
	475,00
+ 19% USt	***90,25***
Rechnungsbetrag	***565,25***
2. Barzahlung der Fracht (Fall 1)	
netto	***80,00***
+ 19% USt	***15,20***
3. Banküberweisung der Liefererrechnung von Fall 1	***551,00***
4. Wareneinkauf auf Ziel	
netto	***3500,00***
+ Fracht	***200,00***
+ Verpackung	***50,00***
+ Transportversicherung	***80,00***
	3830,00
+ 19% USt	***727,70***
Rechnungsbetrag	***4557,70***
5. Barzahlung für Rollgeld an den amtlichen Rollfuhrunternehmer	
netto	***120,00***
+ 19% USt	***22,80***
6. Abschluss der Warenbezugskosten am Monatsende	***530,00***

10.1.4 Rücksendungen an Lieferer und Preisnachlässe von Lieferern

Gutschriften vom Lieferer entstehen, wenn

- **Waren** aufgrund einer Falschlieferung oder mangelhaften Lieferung **zurückgesandt** oder
- **nachträgliche Preisnachlässe**, etwa wegen Mängeln, gewährt werden. Beiden Fällen ist gemeinsam, dass der zugrunde liegende Kaufvertrag nicht ordnungsgemäß erfüllt wurde.

Die sich beim Wareneinkauf ergebenden Rücksendungen bzw. Gutschriften werden auf dem Konto

2002 Preisnachlässe und Rücksendungen[1]

verbucht. Durch die Rücksendung bzw. Gutschrift vermindern sich einerseits der Bestand bzw. Wert des Warenkontos, andererseits die bereits erhobene Vorsteuer sowie die Verbindlichkeiten, die sich aus dem Wareneinkauf ergaben.

Diese Veränderungen gilt es nun im Rahmen einer sog. **Korrektur**- oder **Stornobuchung** zu erfassen.

Buchungssatz

44	Verbindlichkeiten
an	2002 Preisnachlässe und Rücksendungen
	260 Vorsteuer

Am Ende des Abrechnungszeitraums wird das Unterkonto „Preisnachlässe und Rücksendungen" über das Hauptkonto „Waren" abgeschlossen.

Buchungssatz

2002	Preisnachlässe und Rücksendungen
an	200 Waren

Musteraufgabe

Wir beziehen von unserem Lieferer Waren im Wert von 12 000,00 € netto auf Ziel. Bei der Wareneingangskontrolle wurde festgestellt, dass Waren im Wert von 1 000,00 € (netto) beschädigt waren, die daraufhin umgehend an unseren Lieferer zurückgesandt wurden.

Verbuchen Sie:
1. den Wareneinkauf,
2. die Rücksendung der Waren an den Lieferer,
3. den Abschluss des Unterkontos „Rücksendungen".

Musterlösung

a) Buchungssätze:

1.	200	Waren	12 000,00	
	260	Vorsteuer	2 280,00	
	an	44 Verbindlichkeiten		14 280,00
2.	44	Verbindlichkeiten	1 190,00	
	an	2002 Rücksendungen		1 000,00
		260 Vorsteuer		190,00
3.	2002	Rücksendungen	1 000,00	
	an	200 Waren		1 000,00

[1] *Bei der verbrauchsbedingten Warenverbuchung sind die Preisnachlässe und Rücksendungen auf dem Konto „6002 Preisnachlässe und Rücksendungen" zu verbuchen.*

b) Verbuchung auf T-Konten (Hauptbuch):

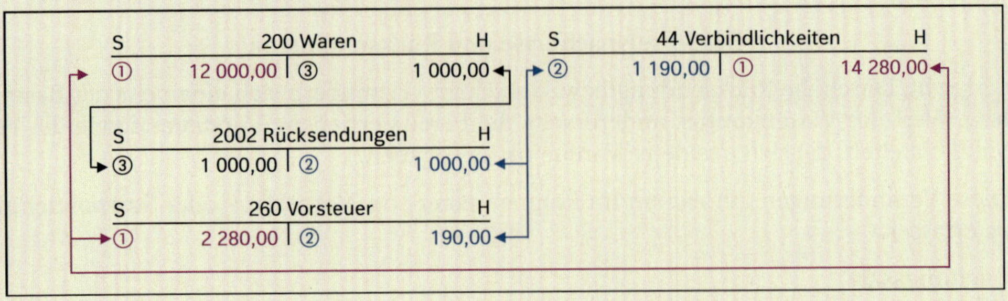

Lösungsschritte

1. Verbuchung des Wareneinkaufs.
   Hier: 200 + 260/44
2. Verbuchung der Rücksendung.
   Hier: 44/2002 + 260
3. Abschluss der Rücksendungen über das Hauptkonto „Waren".
   Hier: 2002/200

Kernwissen

- Bei Preisnachlässen vom Lieferer und Rücksendungen an den Lieferer handelt es sich um Korrektur- oder Stornobuchungen.
- Beide vermindern den Warenbestand bzw. Warenwert, die Vorsteuer und die Verbindlichkeiten.
- Am Ende des Abrechnungszeitraums ist das Unterkonto „Preisnachlässe und Rücksendungen" über das Hauptkonto „Waren" abzuschließen.

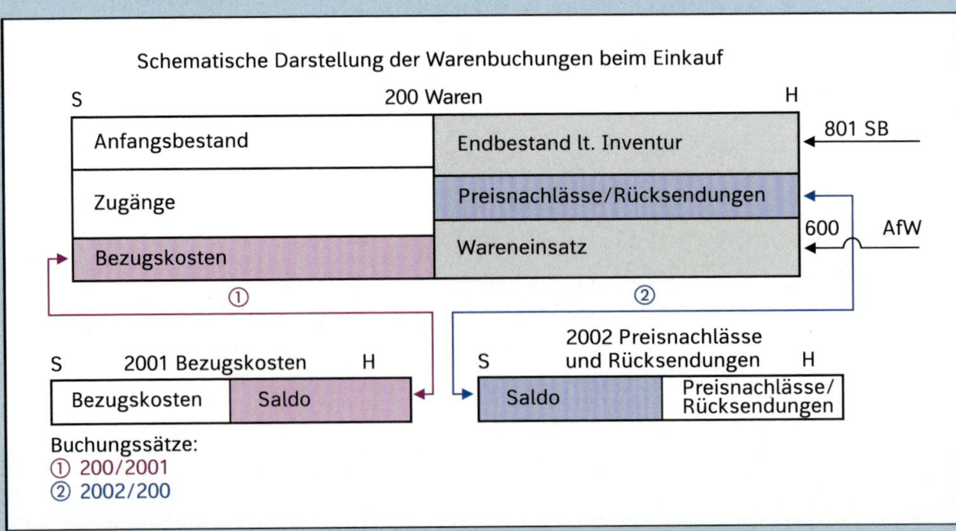

Übungsaufgaben

1. Verbuchen Sie nachfolgende Geschäftsvorfälle. — €

1. Wareneinkauf auf Ziel

Listenpreis	850,00
– Rabatt	50,00
	800,00
+ 19 % USt	152,00
Rechnungsbetrag	952,00

2. Eingangsrechnung für die Warenzufuhr von Fall 1

netto	100,00
+ 19 % USt	19,00

3. Banküberweisung der Eingangsrechnung von Fall 2 — 119,00

4. Unser Lieferer gewährt uns aufgrund einer Mängelrüge einen Preisnachlass

von netto	30,00
Umsatzsteueranteil	5,70

5. Schließen Sie die Konten „Bezugskosten" und „Preisnachlässe und Rücksendungen" ab. — ?

2. Rücksendung falsch gelieferter Rohstoffe

netto	400,00
+ 19 % USt	76,00

(Die Eingangsrechnung der Ware wurde noch nicht beglichen.)

3. Wie wäre bei Fall 2 zu buchen, wenn die Lieferung bereits bezahlt wäre?

4. Aufgrund einer Reklamation erhalten wir von unserem Lieferer einen

Preisnachlass in Form einer Gutschrift über netto	700,00
+ 19 % USt	133,00

5. Wir erhalten eine Falschlieferung von unserem Lieferer, die wir sofort nach Entdeckung zurücksenden

brutto	1 071,00

6. Verbuchen Sie folgende Geschäftsvorfälle:

1. Zieleinkauf von Waren

netto	1 500,00
+ 19 % USt	285,00

2. Rücksendung beschädigter Ware

brutto	95,20

3. Barzahlung der Eingangsfracht

netto	70,00
+ 19 % USt	13,30

4. Banküberweisung der Liefererrechnung (Fall 1) unter Berücksichtigung der Rücksendung (Fall 2) — ?

5. Abschluss der Unterkonten „Bezugskosten" und „Preisnachlässe und Rücksendungen" über das Hauptkonto „Waren" — ?

7. Von einem Lieferer erhalten wir Waren im Wert von 20 000,00 € netto auf Ziel. Wegen einer Mängelrüge sendet uns der Lieferer eine Gutschriftsanzeige über 2 380,00 € brutto. Der Rechnungsbetrag wird anschließend durch Banküberweisung beglichen.

10.2 Buchungen beim Warenverkauf

Besonderheiten, die es beim Warenverkauf zu beachten gilt, sind z. B.:
- Transport- und Verpackungskosten,
- Rücksendungen von Waren durch Kunden und Nachlässe an Kunden.

10.2.1 Transport- und Verpackungskosten beim Warenverkauf

Beim Warenverkauf trifft man hinsichtlich der Transport- und Verpackungskosten folgende Unterscheidung:

1. Die uns im Rahmen der Warenzustellung z. B. von Spediteuren in Rechnung gestellten Transport- und Verpackungskosten stellen für uns **Aufwendungen** dar, die auf den Konten

   604 Aufwendungen für sonstige Vorräte (Verpackungsmaterial)

   614 Frachten und Fremdlager (Ausgangsfrachten)

   zu verbuchen sind.

   Buchungssatz

   604 Verpackungsmaterial
   614 Ausgangsfrachten
   260 Vorsteuer
   an 440 Verbindlichkeiten

2. Transport- und Verpackungskosten, die wir den Kunden weiterberechnen, die z. B. in den Rechnungen an Kunden in Form von Fracht- und Verpackungskosten aufgeführt werden, sind als Bestandteile des Verkaufspreises anzusehen und auf dem Konto

   500 Umsatzerlöse

   zu verbuchen. Ebenso wie die verkauften Waren sind diese beiden Positionen umsatzsteuerpflichtig.

   Buchungssatz

   240 Forderungen
   an 500 Umsatzerlöse
   480 Umsatzsteuer (USt)

3. Geben unsere Kunden bereits berechnete Leihverpackungen an uns zurück, so ist dieser Vorgang als Warenrücksendung auf dem Konto

5001 Preisnachlässe und Rücksendungen

zu erfassen. In diesem Fall tritt neben einer Reduzierung der Umsatzerlöse, über die das Unterkonto „Preisnachlässe und Rücksendungen" am Ende der Abrechnungsperiode abzuschließen ist, auch eine Verminderung der Kundenforderungen sowie der berechneten Umsatzsteuer (USt) ein.

Buchungssatz

5001	Preisnachlässe und Rücksendungen
480	Umsatzsteuer (USt)
an	240 Forderungen

Umbuchung des Kontos 5001 am Jahresende:

Buchungssatz

500	Umsatzerlöse
an	5001 Preisnachlässe und Rücksendungen

4. Den Kunden möglicherweise gewährte Sofortnachlässe vermindern unsere Verkaufspreise (Umsatzerlöse), da nur die herabgesetzten Preise gezahlt werden müssen. Aus diesem Grunde sind Sofortrabatte buchhalterisch **nicht** zu erfassen.

Musteraufgabe

1. Wir lieferten am 15. März 20.. unserem Kunden, dem Elektrofachgeschäft R. & B. Neumann OHG, Düsseldorf, 24 Farbfernseher zum Stückpreis von 800,00 € auf Ziel.

   Ausgangsrechnung:

Listenpreis (24 Stück à 800,00 €)	19 200,00 €
– 8 1/3% Rabat	1 600,00 €
	17 600,00 €
+ Spezialverpackungen	200,00 €
	17 800,00 €
+ 19% USt	3 382,00 €
Rechnungsbetrag	**21 182,00 €**

2. Für die Warenzustellung belastete uns unser Hausspediteur am 18. März 20.. mit:

Fracht 370 kg/375 km	300,00 €
+ 19% USt	57,00 €
Rechnungsbetrag	**357,00 €**

3. Aufgrund des abgeschlossenen Kaufvertrages, der eine „Ab-Werk-Lieferung" vorsah, stellten wir der Firma R. & B. Neumann OHG obige Frachtkosten am 20. März 20.. in Rechnung.

4. Für die am 30. März 20.. an uns zurückgesandte Spezialverpackung erhält die R. & B. Neumann OHG eine Gutschrift über

netto	150,00 €
+ 19% USt	28,50 €

Verbuchen Sie:

1. Den Warenverkauf.
2. Die Rechnung unseres Spediteurs.
3. Die Weiterbelastung der Transportkosten an die R. & B. Neumann OHG.
4. Die Rücksendung der Spezialverpackung.
5. Den Abschluss der Unterkonten.

Musterlösung

a) Buchungssätze:

1.	240	Forderungen	21 182,00	
	an	500 Umsatzerlöse		17 800,00
		480 Umsatzsteuer (USt)		3 382,00
2.	614	Ausgangsfrachten	300,00	
	260	Vorsteuer	57,00	
	an	44 Verbindlichkeiten		357,00
3.	240	Forderungen	357,00	
	an	500 Umsatzerlöse		300,00
		480 Umsatzsteuer (USt)		57,00
4.	5001	Rücksendungen	150,00	
	480	Umsatzsteuer (USt)	28,50	
	an	240 Forderungen		178,50
5.	500	Umsatzerlöse	150,00	
	an	5001 Rücksendungen		150,00

b) Verbuchung auf T-Konten (Hauptbuch):

S 240 Forderungen H

S		H	
①	21 182,00	④	178,50
③	357,00		

S 500 Umsatzerlöse H

S		H	
⑤	150,00	①	17 800,00
		③	300,00

S 5001 Rücksendungen H

S		H	
④	150,00	⑤	150,00

S 614 Ausgangsfrachten H

S		H	
②	300,00		

S 480 Umsatzsteuer (USt) H

S		H	
④	28,50	①	3 382,00
		③	57,00

S 260 Vorsteuer H

S		H	
②	57,00		

S 44 Verbindlichkeiten H

S		H	
		②	357,00

Lösungsschritte

1. Verbuchung des Warenverkaufs, wobei
   - der Sofortrabatt buchhalterisch nicht zu berücksichtigen ist, da er den Verkaufserlös schmälert,
   - die Kosten der Spezialverpackung ebenso wie die Ware selbst auf dem Konto „Umsatzerlöse“ zu verbuchen sind.

   Hier: 240/500 + 480
2. Verbuchung der uns im Rahmen der Warenzufuhr in Rechnung gestellten Transportkosten auf dem Aufwandskonto „Ausgangsfrachten“.
   Hier: 614 + 260/44
3. Weiterbelastung der Frachtkosten an unseren Kunden.
   Hier: 240/500 + 480
4. Verbuchung der Verpackungsrücksendung als Korrekturbuchung.
   Hier: 5001 + 480/240
5. Abschluss des Unterkontos „Rücksendungen“ über das Hauptkonto „Umsatzerlöse“.
   Hier: 500/5001

Kernwissen

- Die uns in Rechnung gestellten Transport- und Verpackungskosten stellen für uns Aufwendungen dar, sie sind auf den Konten „Aufwendungen für sonstige Vorräte (Verpackungsmaterial)“ und „Frachten und Fremdlager (Ausgangsfrachten)“ zu erfassen.
- Die dem Kunden von uns in Rechnung gestellten Versandkosten sind als Umsatzerlöse zu behandeln.
- Rückgaben von Leihverpackungen sind als Warenrücksendungen zu verstehen.
- Gegebenenfalls den Kunden gewährte Rabatte vermindern die Umsatzerlöse. Sie sind buchhalterisch daher nicht zu erfassen.

Übungsaufgaben

1.	***Barzahlung der Ausgangsfracht in Höhe von***	***€***
	netto	***400,00***
	+ 19 % USt	***76,00***
2.	***Warenverkauf auf Ziel***	
	Listenpreis	***2 300,00***
	– 10 % Rabatt	***230,00***
		2 070,00
	+ Zustellkosten	***130,00***
		2 200,00
	+ 19 % USt	***418,00***
	Rechnungsbetrag	***2 618,00***

3. **Warenverkehr auf Ziel**

	€
Listenpreis	1 600,00
+ Verpackung	50,00
+ Fracht	70,00
	1 720,00
+ 19 % USt	326,80
Rechnungsbetrag	2 046,80

4. **Gutschriftanzeige an einen Kunden für die Rückgabe der Verpackung (Fall 3)**

netto	50,00
+ 19 % USt	9,50

5. **Banküberweisung einer Rechnung für Ausgangsfrachten** 371,20

6. **Warenverkauf auf Ziel**

Listenpreis	800,00
+ Leihverpackung	60,00
	860,00
+ 19 % USt	163,40
Rechnungsbetrag	1 023,40

7. **Verbuchen Sie nachfolgende Geschäftsvorfälle:**

1. Wareneinkauf auf Ziel

Listenpreis	3 200,00
– 10 % Rabatt	320,00
	2 880,00
+ 19 % USt	547,20
Rechnungsbetrag	3 427,20

2. Barzahlung der Fracht beim Wareneingang

netto	400,00
+ 19 % USt	76,00

3. Der Lieferant gewährt uns wegen einer Mängelrüge einen Preisnachlass

von netto	100,00
+ 19 % USt	19,00

4. Warenverkauf auf Ziel

netto	900,00
+ 19 % USt	171,00

5. Der Spediteur berechnet für die Warenzufuhr an unseren Kunden

netto	80,00
+ 19 % USt	15,20

6. Rücksendung falsch gelieferter Waren an unseren Lieferer

netto	300,00
+ 19 % USt	57,00

7. Warenverkauf auf Ziel

Listenpreis	5 600,00
– 5 % Rabatt	280,00
	5 320,00

		€
	+ Leihverpackung	*300,00*
	+ Zustellkosten	*280,00*
		5900,00
	+ 19 % USt	*1121,00*
	Rechnungsbetrag	*7021,00*
8.	*Wareneinkauf auf Ziel*	
	Listenpreis	*6000,00*
	– 20 % Wiederverkäuferrabatt	*1200,00*
		4800,00
	+ Fracht	*500,00*
	+ Verpackung	*100,00*
	+ Transportversicherung	*60,00*
		5460,00
	+ 19 % USt	*1037,40*
	Rechnungsbetrag	*6497,40*
9.	*Banküberweisung der Liefererrechnung von Fall 8, wenn wir die Rechnung unter Abzug von 3 % Skonto begleichen*	*?*

10.2.2 Warenrücksendungen von Kunden und Gutschriften an Kunden

Warenrücksendungen von Kunden, etwa wegen Falschlieferungen, und Preisnachlässe an Kunden aufgrund von Reklamationen sind zunächst auf dem Konto

5001 Preisnachlässe und Rücksendungen

zu verbuchen. Durch die Rücksendung bzw. Gutschrift vermindern sich unsere Umsatzerlöse, die den Kunden berechnete Umsatzsteuer sowie unsere Forderungen den Kunden gegenüber. Es handelt sich demzufolge wiederum um eine sog. **Korrektur-** bzw. **Stornobuchung.**

Buchungssatz

5001 Preisnachlässe und Rücksendungen
480 Umsatzsteuer (USt)
an 240 Forderungen

Am Ende des Abrechnungszeitraums wird das Unterkonto „Preisnachlässe und Rücksendungen“ über das Hauptkonto „Umsatzerlöse“ abgeschlossen.

Buchungssatz

500 Umsatzerlöse
an 5001 Preisnachlässe und Rücksendungen

Musteraufgabe

Wir verkaufen unserem Kunden Waren im Wert von 5000,00 € netto auf Ziel.

Nach der verbuchten Lieferung sendet uns unser Kunde Waren im Wert von 400,00 € netto wegen Falschlieferung zurück.

Verbuchen Sie:
1. Den Warenverkauf.
2. Die Rücksendung an uns.
3. Den Abschluss des Unterkontos „Rücksendungen“.

Musterlösung

a) Buchungssätze:

1.	240	Forderungen	5950,00	
	an	500 Umsatzerlöse		5000,00
		480 Umsatzsteuer (USt)		950,00
2.	5001	Rücksendungen	400,00	
	480	Umsatzsteuer (USt)	76,00	
	an	240 Forderungen		476,00
3.	500	Umsatzerlöse	400,00	
	an	5001 Rücksendungen		400,00

b) Verbuchung auf T-Konten (Hauptbuch):

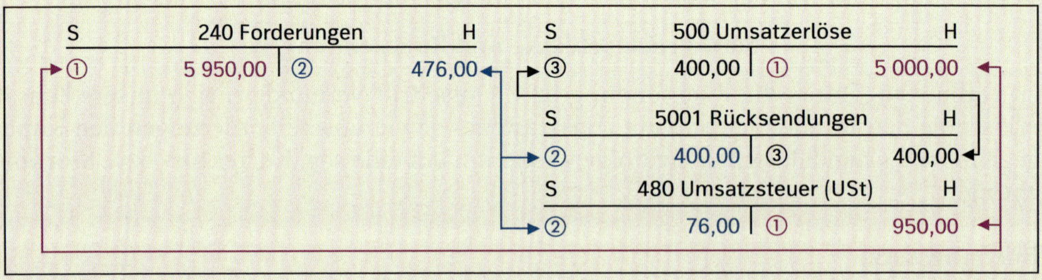

Lösungsschritte

1. Verbuchung des Warenverkaufs.
   Hier: 240/500 + 480
2. Verbuchung der Rücksendung an uns.
   Hier: 5001 + 480/240
3. Abschluss des Kontos „Rücksendungen“ über das Hauptkonto „Umsatzerlöse“.
   Hier: 500/5001

Kernwissen

- Bei Rücksendungen von Kunden und Preisnachlässen an Kunden handelt es sich um Korrektur- oder Stornobuchungen.
- Beide vermindern die Umsatzerlöse, die Umsatzsteuer und die Forderungen.

- Am Ende der Abrechnungsperiode ist das Unterkonto „Preisnachlässe und Rücksendungen“ über das Hauptkonto „Umsatzerlöse“ abzuschließen.

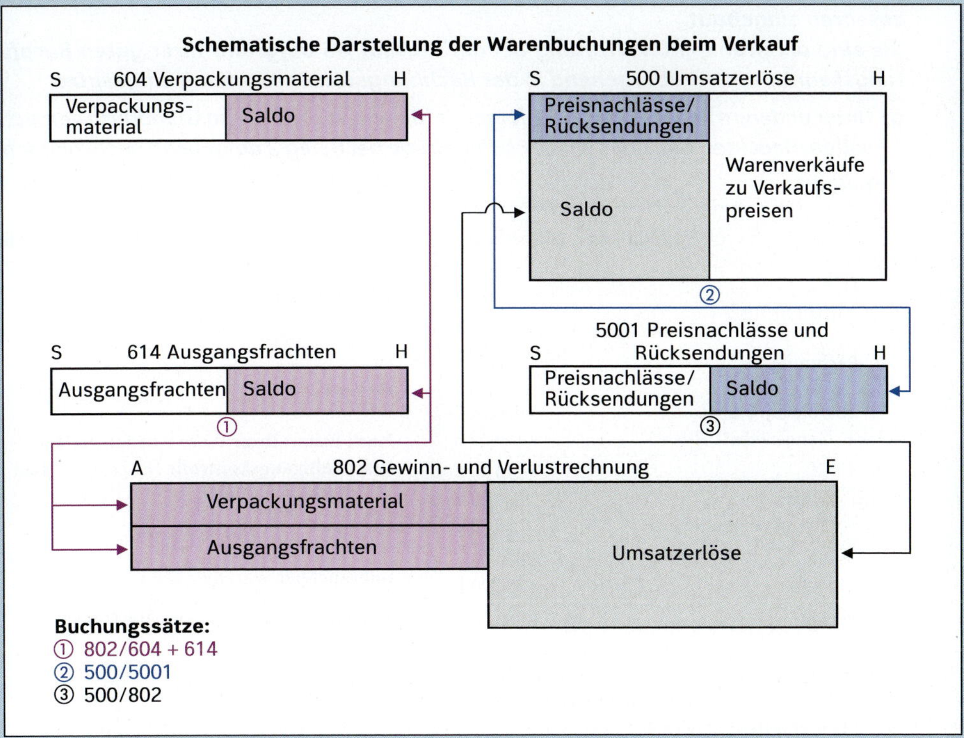

Übungsaufgaben

1.	***Verbuchen Sie nachfolgende Geschäftsvorfälle.***	***€***
	1. Warenverkauf auf Ziel	
	Warenwert	***1 000,00***
	– Rabatt 5 %	***50,00***
		950,00
	+ 19 % USt	***180,50***
	Rechnungsbetrag	***1 130,50***
	2. Wir gewähren unserem Kunden aufgrund einer Mängelrüge einen Preisnachlass von netto	***50,00***
	+ 19 % USt	***9,50***
	3. Abschluss des Kontos „Preisnachlässe und Rücksendungen“ am Jahresende.	
2.	***Ein Kunde sendet falsch gelieferte Waren im Wert von 714,00 € brutto zurück.***	
3.	***Aufgrund einer Reklamation gewähren wir einem Kunden einen Preisnachlass in Form einer Gutschrift über netto***	***500,00***
	+ 19 % USt	***95,00***

4. Die Pluskat AG, Mannheim, stellt Mikrochips für die Computerindustrie her. Wichtige Rohstoffe für diese Chips sind u. a. Silizium und Gold. Zu den Hilfsstoffen zählen Hitze ableitender Lack, sowie Spezialklebstoffe. Die Mikrochips werden vorwiegend in Prozessoren eingebaut.
Sie sind als Krankheitsvertretung bei der Pluskat AG aufgrund Ihrer guten Buchführungskenntnisse vorübergehend in der Rechnungswesenabteilung eingesetzt.

a) Unter anderem liegen Ihnen nachfolgende Belege vor, die Sie im Grundbuch verbuchen sollen. Beachten Sie, dass wir der Mängelrüge bei Beleg 2 umgehend nachkommen.

Beleg 1

Abs.: Pluskat AG, Mannheim

IBM
Mannheim

Rechnung 20.09.20..

Micro Chip P 2010	1 900,00 €
– Sonderrabatt 10 %	190,00 €
	1 710,00 €
+ Fracht	240,00 €
+ Transportversicherung	50,00 €
	2 000,00 €
USt 19 %	380,00 €
Rechnungsbetrag	2 380,00 €

Die Rechnung ist zahlbar innerhalb von 10 Tagen unter Abzug von 3 % Skonto auf den Rechnungsbetrag oder 30 Tagen netto.

Beleg 2

Abs.: IBM Mannheim

Pluskat AG

Mängelrüge 20.09.20..

Nach Erhalt Ihrer Ware wurden bei der Wareneingangskontrolle festgestellt, dass Micro Chips im Wert von

238,00 € brutto

unbrauchbar waren.

Wie bitten umgehend um eine Gutschrift.

Mit freundlichen Grüßen

IBM Mannheim

b) Der Rechnungsbetrag wird unserem Bankkonto am 20.10.20.. gutgeschrieben.

5. Verbuchen Sie nachfolgende Geschäftsvorfälle aus dem Warenverkehr.

	€
1. Warenverkauf auf Ziel	
Warenwert	4 000,00
– 10 % Rabatt	400,00
	3 600,00
+ Verpackungskosten	100,00
+ Fracht	200,00
	3 900,00
+ 19 % USt	741,00
Rechnungsbetrag	4 641,00
2. Aufgrund einer Mängelrüge gewähren wir unserem Kunden einen Preisnachlass von netto	200,00
+ 19 % USt	38,00
3. Wareneinkauf auf Ziel	
Listenpreis	7 500,00
– 25 % Wiederverkäuferrabatt	1 875,00
	5 625,00
+ 19 % USt	1 068,75
Rechnungsbetrag	6 693,75

4. Barzahlung der Fracht beim Wareneingang	
netto	400,00
+ 19% USt	76,00
5. Gutschriftanzeige an unseren Kunden für die Rücksendung der Leihverpackung von Fall 1	
netto	100,00
+ 19% USt	19,00
6. Ein Spediteur berechnet für die Warenzufuhr zum Kunden	
netto	180,00
+ 19% USt	34,20
7. Ein Lieferer gewährt uns wegen einer Mängelrüge einen Preisnachlass von brutto	178,50
8. Abschluss sämtlicher Unterkonten über die entsprechenden Hauptkonten.	

6. Bilden Sie zu nachfolgenden Geschäftsvorfällen aus dem Warenverkehr die Buchungssätze im Grundbuch, verbuchen Sie diese anschließend auf T-Konten und schließen Sie diese ab.

Anfangsbestände:	€		€
084 Fuhrpark	50000,00	300 Eigenkapital	100000,00
200 Waren	35000,00	44 Verbindlichkeiten	38000,00
240 Forderungen	20000,00		
280 Bank	25000,00		
282 Kasse	8000,00		

Kontenplan: Neben der Eröffnungsbilanz (800) und der Schlussbilanz (801) sind noch folgende Konten erforderlich:

Bestandskonten: 084 Fuhrpark, 200 Waren, 2001 Bezugskosten, 2002 Preisnachlässe und Rücksendungen, 240 Forderungen, 280 Bank, 282 Kasse, 260 Vorsteuer, 300 Eigenkapital, 44 Verbindlichkeiten, 480 Umsatzsteuer (USt)

Erfolgskonten: 500 Umsatzerlöse, 5001 Preisnachlässe und Rücksendungen, 600 Aufwendungen für Waren (AfW), 802 Gewinn- und Verlustrechnung

Geschäftsvorfälle:	€
1. Wareneinkauf auf Ziel	
Listenpreis	5000,00
– 10% Rabatt	500,00
	4500,00
+ Verpackung	70,00
+ Transportversicherung	30,00
	4600,00
+ 19% USt	874,00
Rechnungsbetrag	5474,00
2. Barzahlung der Fracht beim Wareneinkauf (Fall 1)	
netto	400,00
+ 19% USt	76,00
3. Banküberweisung eines Kunden	2200,00
4. Von unserem Lieferer erhalten wir eine Gutschrift aufgrund unserer Mängelrüge, netto	220,00
+ 19% USt	41,80

5. *Warenverkauf auf Ziel*

Warenwert	*6820,00*
+ Leihverpackung	*180,00*
	7000,00
+ 19% USt	*1330,00*
Rechnungsbetrag	*8330,00*

6. *Unser Kunde sendet uns falsch gelieferte Waren zurück*

netto	*80,00*
+ 19% USt	*15,20*

7. *Banküberweisung an einen Lieferer* *4000,00*

8. *Gutschriftanzeige an Kunden für die Rückgabe der Leihverpackung*

von Fall 5, netto	*180,00*
+ 19% USt	*34,20*

Abschlussangaben:

1. *Zahllast:*
   a) *Ermittlung der Zahllast*
   b) *Abführen der Zahllast durch Banküberweisung*
2. *Warenendbestand lt. Inventur* *36500,00*

11 Der Jahresabschluss

Situation

Am Ende der Ausbildung erhält Florian vom Leiter der Rechnungswesenabteilung, Herrn Barth, als gezielte Vorbereitung zur Abschlussprüfung die Aufgabe, einen Jahresabschluss anhand einfacher Geschäftsvorfälle selbst zu erstellen.

Handlungsaufträge

1. *Überlegen Sie, welche Umbuchungen und Abschlussbuchungen hierfür notwendig sind.*
2. *Erstellen Sie einen einfachen Jahresabschluss.*

Wie wir bereits zu Beginn unserer Ausführungen gesehen haben ist der Kaufmann nach § 242 HGB verpflichtet, am Schluss eines jeden Jahres einen sog. **Jahresabschluss** zu erstellen.

§ 242 HGB Pflicht zur Aufstellung der Bilanz.

(1) [1]Der Kaufmann hat zu Beginn seines Handelsgewerbes und für den Schluss eines jeden Geschäftsjahrs einen das Verhältnis seines Vermögens und seiner Schulden darstellenden Abschluss (Eröffnungsbilanz, Bilanz) aufzustellen. [2]Auf die Eröffnungsbilanz sind die für den Jahresabschluss geltenden Vorschriften entsprechend anzuwenden, soweit sie sich auf die Bilanz beziehen.

(2) Er hat für den Schluss eines jeden Geschäftsjahrs eine Gegenüberstellung der Aufwendungen und Erträge des Geschäftsjahrs (Gewinn- und Verlustrechnung) aufzustellen.

(3) Die Bilanz und die Gewinn- und Verlustrechnung bilden den Jahresabschluss.

Der bisher bei den einzelnen Kapiteln durchgeführte Jahresabschluss war immer nur auf den behandelten Stoff beschränkt. Nachdem nun alle Punkte besprochen sind, sollen abschließend Geschäftsvorfälle aus dem gesamten Stoffgebiet verbucht und danach anhand zweier Übungsaufgaben ein Jahresabschluss durchgeführt werden.

Dazu sind folgende Umbuchungen und Abschlussbuchungen erforderlich:

1. **Umbuchungen:**

   a) *Abschluss der Unterkonten über die Hauptkonten*

   Verbuchung von:

   - **Vorschüssen**

     Buchungssatz

     Löhne / Forderungen an Mitarbeiter

   b) *Ermittlung der Zahllast*

   Buchungssatz

   Umsatzsteuer (USt) / Vorsteuer

c) *Verbuchung der Abschreibungen*

Buchungssatz

Abschreibungen / Anlagekonten

d) *Verbuchung des Warenendbestandes*

Buchungssatz

Schlussbilanz / Waren

e) *Verbuchung des Wareneinsatzes*

Buchungssatz

Aufwendungen für Waren / Waren

2. **Abschlussbuchungen:**

a) *Abschluss der Erfolgskonten über die GuV*

Buchungssätze

GuV / Aufwandskonten

Ertragskonten / GuV

b) *Verbuchung des Erfolgs*

- **Gewinn:**

  Buchungssatz

  GuV / Eigenkapital

- **Verlust:**

  Buchungssatz

  Eigenkapital / GuV

c) *Verbuchung der Bestandskonten*

Buchungssätze

Schlussbilanz / Aktivkonten

Passivkonten / Schlussbilanz

Übungsaufgaben

1. Verbuchen Sie folgende Geschäftsvorfälle.

			€
1.	Barkauf einer Schreibmaschine		
	netto		800,00
	+ 19 % USt		152,00
2.	Verkauf eines gebrauchten Lkw auf Ziel		
	netto		15 000,00
	+ 19 % USt		2 850,00
3.	Barabhebung von unserem Bankkonto		6 000,00
4.	Zinsgutschrift der Bank		2 500,00
5.	Lohnzahlung durch Banküberweisung		
	Bruttolöhne		14 000,00
	– Lohnsteuer, SolZ	3 000,00 €	
	– Kirchensteuer	240,00 €	
	– SV-Beiträge	2 900,00 €	6 140,00
	Nettolöhne		7 860,00
	Arbeitgeberanteil zur Sozialversicherung		2 900,00
6.	Einzug der Telefongebühren durch Lastschrift auf dem Bankkonto		750,00
7.	Banküberweisung der bei Fall 5 einbehaltenen Abzüge:		
	– an die Krankenkassen am 28. des laufenden Monats		5 800,00
	– an das Finanzamt am 10. des Folgemonats		3 240,00
8.	Aufnahme eines Darlehens bei der Bank		25 000,00
9.	Wareneinkauf auf Ziel		
	Listenpreis		3 600,00
	– 10 % Rabatt		360,00
			3 240,00
	+ 19 % USt		615,60
	Rechnungsbetrag		3 855,60
10.	Banküberweisung an einen Lieferer		3 726,00
11.	Abschreibungen auf Maschinen, 10 % des Anschaffungswertes über 72 000,00 €		?

2. Verbuchen Sie nachfolgende Geschäftsvorfälle.

			€
1.	Kauf eines Telefaxgerätes bar		
	netto		1 200,00
	+ 19 % USt		228,00
2.	Gehaltsvorschuss bar		500,00
3.	Warenverkauf auf Ziel		
	Warenwert		4 600,00
	+ 19 % USt		874,00
	Rechnungsbetrag		5 474,00
4.	Gehaltszahlung durch Banküberweisung		
	Bruttogehalt		4 800,00
	– LSt, KiSt und SolZ	1 000,00 €	
	– SV-Beiträge	800,00 €	1 800,00
	Nettogehalt		3 000,00
	– geleisteter Vorschuss		500,00
	Auszahlungsbetrag		2 500,00
	Arbeitgeberanteil zur Sozialversicherung		800,00

5.	Banküberweisung der Zahllast für den vergangenen Monat	4200,00
6.	Banküberweisung der:	
	– Geschäftsmiete	5300,00
	– Kfz-Steuer	1300,00
	– Telefongebühren	820,00
7.	Banküberweisung eines Kunden	4350,00
8.	Teiltilgung eines Hypothekendarlehens durch Banküberweisung	20000,00
9.	Wir erhalten Miete bar	2800,00
10.	Ein Kunde begleicht seine Schuld durch Banküberweisung	3100,00
11.	Gutschrift von Zinserträgen auf das Postbankkonto	4800,00
12.	Barzahlung von Büromaterial	
	netto	60,00
	+ 19% USt	11,40
13.	Zieleinkauf von Waren	
	netto	10560,00
	+ 19% USt	2006,40
	Rechnungsbetrag	12556,40
14.	Abschreibung	
	– auf Maschinen	15000,00
	– auf BGA: 20% vom Anschaffungswert in Höhe von 75000,00 €	?

3. Bilden Sie zu nachfolgenden Geschäftsvorfällen die Buchungssätze im Grundbuch, verbuchen Sie diese anschließend auf T-Konten und schließen Sie diese ab.

Anfangsbestände:	€		€
084 Fuhrpark	80000,00	300 Eigenkapital	?
087 BGA	65000,00	44 Verbindlichkeiten	75500,00
200 Waren	150000,00		
240 Forderungen	30000,00		
280 Bank	25000,00		
282 Kasse	13500,00		

Kontenplan: Neben der Eröffnungsbilanz (800) und der Schlussbilanz (801) sind noch folgende Konten erforderlich:
Bestandskonten: 084 Fuhrpark, 087 Geschäftsausstattung, 200 Waren, 240 Forderungen, 260 Vorsteuer, 280 Bank, 282 Kasse, 300 Eigenkapital, 44 Verbindlichkeiten, 480 Umsatzsteuer (USt)
Erfolgskonten: 689 Aufwendungen für Kommunikation, 600 Aufwendungen für Waren, 650 Abschreibungen, 500 Umsatzerlöse, 571 Zinserträge, 802 Gewinn- und Verlustrechnung

Geschäftsvorfälle:		€
1.	Wareneinkauf	
	netto	6000,00
	+ 19% USt	1140,00
	gegen: – Barzahlung	2500,00
	– Scheckzahlung	3000,00
	– Rest auf Ziel	?
2.	Banküberweisung unserer Telefongebühren	1350,00
3.	Kauf einer neuen EDV-Anlage auf Ziel	
	netto	8000,00
	+ 19% USt	1520,00

4. Verkauf eines gebrauchten Pkw gegen Bankscheck

netto	25000,00
+ 19 % USt	4750,00

5. Zinserträge werden auf das Bankkonto gutgeschrieben 7000,00
6. Warenverkauf auf Ziel

netto	14300,00
+ 19 % USt	2717,00
Rechnungsbetrag	17017,00

7. Banküberweisung an einen Lieferer 1400,00

Abschlussangaben:

1. Zahllast:
   a) Ermittlung der Zahllast
   b) Abführen der Zahllast durch Banküberweisung
2. Warenendbestand lt. Inventur 146000,00
3. Abschreibungen auf BGA 5000,00

4. Bilden Sie zu nachfolgenden Geschäftsvorfällen die Buchungssätze im Grundbuch, verbuchen Sie diese anschließend auf T-Konten und erstellen Sie den Abschluss.

Anfangsbestände:	€		€
05 Grundstücke	780000,00	300 Eigenkapital	?
084 Fuhrpark	120000,00	41 Hypothekenschulden	450000,00
200 Waren	200000,00	44 Verbindlichkeiten	120000,00
240 Forderungen	80000,00		
280 Bank	52000,00		
282 Kasse	18000,00		

Kontenplan: Neben der Eröffnungsbilanz (800) und Schlussbilanz (801) sind noch folgende Konten erforderlich:

Bestandskonten: 05 Grundstücke, 084 Fuhrpark, 200 Waren, 240 Forderungen, 260 Vorsteuer, 280 Bank, 282 Kasse, 300 Eigenkapital, 41 Hypothekenschulden, 44 Verbindlichkeiten, 480 Umsatzsteuer (USt), 483 FB-Verbindlichkeiten, 484 SV-Verbindlichkeiten

Erfolgskonten: 63 Gehälter, 600 Aufwendungen für Waren, 640 Arbeitgeberanteil, 650 Abschreibungen, 500 Umsatzerlöse, 540 Mieterträge, 802 Gewinn- und Verlustrechnung

Geschäftsvorfälle:	€
1. Warenverkauf auf Ziel	
netto	20000,00
+ 19 % USt	3800,00
2. Mieteinnahmen bar	5200,00
3. Gehaltszahlung durch Banküberweisung	
Bruttogehalt	8500,00
– LSt, KiSt und SolZ	2000,00
– SV-Beiträge	1800,00
Nettogehalt	4700,00
Arbeitgeberanteil zur Sozialversicherung	?
4. Banküberweisung an einen Lieferer	6400,00
5. Barabhebung von eigenem Bankkonto	8000,00
6. Wareneinkauf auf Ziel	
netto	6100,00
+ 19 % USt	1159,00
Rechnungsbetrag	7259,00
7. Banküberweisung eines Kunden	23000,00
8. Teiltilgung der Hypothekenschulden durch Banküberweisung	30000,00
9. Kauf eines neuen Firmen-Pkw auf Ziel	
netto	40000,00
+ 19 % USt	7600,00
10. Warenverkauf gegen Bankscheck	
netto	30600,00
+ 19 % USt	5814,00
Rechnungsbetrag	36414,00
11. Banküberweisung der einbehaltenen Abzüge bei der Gehaltsbuchung von Fall 3:	
– an die Krankenkasse am 28. des laufenden Monats	3600,00
– an das Finanzamt am 10. des Folgemonats	2000,00
Abschlussangaben:	
1. Zahllast:	
a) Ermittlung der Zahllast	
b) Passivierung der Zahllast	
2. Warenendbestand lt. Inventur	190000,00
3. Abschreibung auf Fuhrpark, linear 20 % des Anschaffungswertes von 40000,00 €	?

Sachwortverzeichnis

Bildquellenverzeichnis

fotolia.com, New York: BG 118; gourmecana 82; jomare 99, 133; koya79 138; Stefan Rajewski 35, 130

Hild, Claudia, Angelburg: 36

Microsoft Deutschland GmbH, München: 105, 105, 106, 119, 121

PantherMedia GmbH (panthermedia.net), München: Rovagnati, Julián 124

Picture-Alliance GmbH, Frankfurt/M.: akg- images/Lessing, E. 7

stock.adobe.com, Dublin: hacohob Titel; Raths, Alexander 1; sveta Titel.

Wir arbeiten sehr sorgfältig daran, für alle verwendeten Abbildungen die Rechteinhaberinnen und Rechteinhaber zu ermitteln. Sollte uns dies im Einzelfall nicht vollständig gelungen sein, werden berechtigte Ansprüche selbstverständlich im Rahmen der üblichen Vereinbarungen abgegolten.